Wahre Geschichten

UM

WEIHNACHTLICHES AUS THÜRINGEN

Aufgeschrieben
von
Dieter Nadolski

TAUCHAER VERLAG

WAHRE GESCHICHTEN NR. 51

Nadolski, Dieter:
Wahre Geschichten um Weihnachtliches aus Thüringen/
Dieter Nadolski
4. Aufl. – [Taucha]: Tauchaer Verlag 2014
ISBN 978-3-89772-117-3

Satz: XYZ-Satzstudio Naumburg
Herstellung: Neumann & Nürnberger Leipzig GmbH
Druck und Verarbeitung:
Tesinska Tiskarna, a. s.
ISBN 978-3-89772-117-3

INHALT

VORWORT

Der Weihnachtsmonat Dezember mit den Adventssonntagen und dem Nikolaustag, mit dem Heiligen Abend und den beiden Weihnachtsfeiertagen ist auch bei den Thüringern ein ganz besonderer. Selbst dann, wenn in einer der in diesem Buch enthaltenen Begebenheiten in satirischer Zuspitzung davon erzählt wird, dass seit einiger Zeit von eifrigen Kaufleuten Weihnachten schon im Herbst stressig eingeläutet wird, ist doch immer noch der letzte Monat des Jahres der besinnlichste. An den Adventssonntagen brennen in vielen Wohnungen die Kerzen auf den Adventskränzen oder den Weihnachtspyramiden; zu Weihnachten versammeln sich die Familien um den geschmückten Baum, besuchen Christmetten und Konzerte und nutzen die nun endlich meist ruhigen Tage dazu, auch wieder einmal ein Buch zu lesen.

In unserem Bändchen haben wir eine Reihe Episoden aus Thüringen wiedergegeben, denen jeweils verbürgte, reale Begebenheiten zugrunde liegen. Die über die Fakten hinausgehenden geschilderten Umstände entsprechen dem Zeitkolorit im Sinne von »so könnte es gewesen sein«.

Man kann die eine oder andere wahre Geschichte in der einen oder anderen Musestunde rund um das Jahr für sich selbst lesen. Vor allem aber während der besonderen Tage im Weihnachtsmonat bietet sich an, die Episoden gegenüber Familienangehörigen oder Freunden zu Gehör zu bringen. D. N.

CLAUS AUS MÜHLHAUSEN UND DIE ERFURTER OSANNA

Es war im Dezember 1473, zwei Tage vor Heiligabend. Auch in der Freien Reichsstadt Mühlhausen wurden in den Familien die letzten Vorbereitungen für Weihnachten getroffen. Jung und Alt freute sich auf die noch geruhsameren Tage als sonst im Winter innerhalb der Mauern der damals zweitgrößten Stadt in Thüringen. Irgendwelche kriegerischen Händel waren nicht zu befürchten, und wenn, dann fühlte man sich im »Goslaer Bund« stark genug, damit verbundenes Unheil abzuwenden. Bereits 1310 hatte sich Mühlhausen mit Nordhausen und Erfurt zum Thüringer Drei-Städte-Bund zusammengeschlossen; vor einigen Jahrzehnten waren dann die drei Städte dem noch schlagkräftigeren »Goslaer Bund« beigetreten. Die diesjährige Ernte hatte reichliche Ergebnisse gebracht, Seuchen grassierten nicht und neue Steuern waren auch nicht angekündigt worden. Ja, diesmal konnte man sich besonders auf das Christfest freuen.

Ein Ärgernis gab es freilich. Wie überall im Lande herrschte schon seit einigen Wochen strenger Frost. Insbesondere die Einwohner in der Oberstadt mussten sich mit Eimern auf den Weg in die Unterstadt machen, um aus den dort noch intakten Brunnen das benötigte Wasser zum Trinken, Kochen und Waschen zu holen. Seit gut anderthalb Jahrhunderten waren die Oberstädter hinsichtlich der Wasserversorgung eigentlich in einer sehr komfortablen Lage. 1292 hatte man eine technische Meisterleistung geplant und umgesetzt: Den Bau eines künstlichen Bachlaufs

Mühlhausen: Kirche Divi Blasii.

zur Wasserversorgung der Oberstadt. Der natürliche Bach mit dem ungewöhnlichen Namen Breitsülze spendete das Wasser für den Kanal, dessen Länge 5350 Meter betrug. An manchem Weihnachtsabend erzählten die Großmutter oder auch der Großvater der Enkelkinderschar von einem tüchtigen Mönch, der damals den kühnen Plan ersonnen und die Bauleute bei der Umsetzung angeleitet hatte. Das Schaurige an dieser zu Weihnachten oft mit geheimnisvoller Stimme berichteten Geschichte war der Teufel, mit dem – da waren sich die Erzähler wie die Zuhörer sicher – der ehrgeizige, aber leichtsinnige Mönch einen mit dem eigenen Blut unterschriebenen Pakt zum Gelingen des Bauwerks geschlossen hatte. Bald nach Fertigstellung des langen Kanals sei der Mönch urplötzlich verschwunden. Und nun ratet mal, war die Frage an die atemlos Zuhörenden, wer wohl den Mönch auf Nimmerwiedersehen hat verschwinden lassen?

Nicht nur die Breitsülze und der künstlich angelegte Kanal nach der Oberstadt waren zugefroren und erschwerten das Leben der Menschen. Auch in den vielen Wassermühlen an dem größeren Fluss, der Unstrut, konnte seit langer Zeit kein Korn mehr für die Weihnachtsbäckerei gemahlen werden, weil die zentimeterdicke Eisschicht auf dem Wasser auch die Mühlräder zum Stillstand gebracht hatte. Das alles war sehr ärgerlich, aber da man sich gut mit Brennmaterial eingedeckt hatte, würde man zum Christfest dennoch nicht frieren. Wer nicht unbedingt musste, blieb daheim am heißen Herd und steckte seine Nase nicht zur Tür hinaus. Wer aber unbedingt Wasser holen musste, kehrte in der Unterstadt gern auf ein Schwätzchen bei einem Mann ein, der von Berufs wegen schon viel im Land herum gekommen war und mancherlei Interessantes zu erzählen hatte. Der schon Weitgereiste war der Glockengießermeister Claus.

Kurz vor dem Heiligen Abend erzählte nun der Meister seinen Besuchern und am Abend seiner Familie recht Ungewöhnliches. Übermorgen stand Weihnachten ins Haus und es war, wie gesagt, so eisigkalt wie seit langem nicht mehr. Er müsse morgen sehr früh raus, verkündete er allen und bat sein Eheweib Rosina, schon mal ein wenig Proviant einzupacken. »Um Himmels Willen«, rief die Frau aus, »du willst doch nicht etwa bei diesem Wetter deinen Bruder in Ammern besuchen?« Seit Jahren schon war es üblich geworden, dass Claus seinen älteren Bruder Johannes, der nicht mehr gut zu Fuß war, ein Weihnachtsgeschenk brachte. Meist waren es ein Stück geräucherter Schinken und eine Flasche Branntwein, aber auch mal eine halbe Speckseite, die Claus dem Johannes überreichte. Der Hin- und Rückweg zu dem Dörfchen Ammern war bequem an einem Tag zu bewältigen, und es blieb sogar noch genügend Zeit, sich gegenseitig die Neuigkeiten zu erzählen.

»Nein, nach Ammern kann ich wohl erst gehen, wenn ich aus Erfurt zurück bin«, entgegnete Claus auf die Frage seiner Frau. »Nach Erfurt willst du! Nach Erfurt bei dieser Kälte! Bist du denn völlig von Sinnen!?« rief die aufgebrachte Ehefrau aus.

Dass ihr Mann den Drang hatte, auch zu Weihnachten in Erfurt zu weilen, überraschte Rosina nicht. Aber dass ihn extreme Kälte nicht abschreckte, die gut sechs Meilen hin und dann wieder zurück zu bewältigen, konnte sie nicht begreifen. Nein, ihr guter Claus musste jetzt wirklich nicht mehr ganz von Sinnen sein!

Eigentlich, erinnerte sich Rosina, hatte die Merkwürdigkeiten ja schon zum Jahresanfang begonnen. Claus berichtete damals ganz aufgeregt, Erfurt wäre um das vergangene Weihnachtsfest herum an verschiedenen Stellen angezündet worden. Ein auf Vergeltung gegenüber dem Nachbarn erpichter Grundherr habe dafür einen entflohenen Mönch gedungen. Auch die Glocken der Sankt-Severi-Kirche gegenüber dem Mariendom hätten den Brand nicht überstanden, und er wolle nun für diese Erfurter Kirche eine große neue Glocke gießen.

Dass ihr Mann als Glockengießermeister sich um die altehrwürdige Sankt-Severi-Kirche verdient machen wollte, war ja das Normalste von der Welt. Aber dann war es doch irgendwie schon ungewöhnlich. Die Erfurter, ging es Rosina durch den Kopf, lehnten das Angebot ihres Mannes ab; sie wollten keine Arbeit eines »Fremden« aus Mühlhausen in einer ihrer Kirchen haben. Und da war ihr Mann fanatisch geworden. Beim Grafen Heinrich von Schwarzburg bat er so eifrig um eine Audienz, dass ihn dieser bald empfing und die Bitte entgegennahm, er möge sich doch beim Erfurter Rat für Meister Claus von Mühlhausen einsetzen. Wenn es ihm ums Geldverdienen gegangen wäre, dann könnte man das ja akzeptieren; aber nein, Claus bot sogar an, die mühselige und materialaufwändige Arbeit völlig umsonst zu leisten!

Als Rosina von ihrem Mann den schließlich ausgehandelten Kontrakt verlesen bekam – sie selbst hatte nie lesen und schreiben gelernt – und er ihr sein weiteres Vorgehen erzählte, war sie überzeugt, Claus sei ein Besessener: Er solle nun zwar die Glocke für die

Erfurt: Sankt-Severi-Kirche und Dom.

Erfurter gießen, aber das dürfe nicht innerhalb der Stadtmauern geschehen. Also würde er, hatte damals ihr Ehemann erklärt, die Glocke in Gotha fertigen.

Hundert Zentner schwer war dann das Geläut geworden. Meister Claus ließ sie über Stock und Stein von Gotha nach Erfurt bugsieren; zwölf kräftige Gäule hatten allergrößte Mühe, die massive, extra stabil gebaute Karre in Bewegung zu halten.

Jetzt, zu Weihnachten 1473, sollte die Glocke des Meisters Claus erstmalig in der fünfschiffigen gotischen Hallenkirche zu Ehren der Geburt Christi läuten. Davon hatte Claus seiner Ehefrau Anfang Dezember erzählt. Die Glockentaufe war schon vollzogen worden, und zwar auf den Namen »Osanna« gemäß dem Bibelspruch aus Matthäus 21,9: »Osanna filio david benedictus qui venit...« – »Hosianna dem Sohne Davids, gelobt sei, der da kommt...«.

Um die neue Glocke, seine Glocke zu hören, war am Weihnachtsabend trotz klirrendem Frost, verständnislosen Nachbarn, zeternder Ehefrau und enttäuschten Kindern auch Meister Claus aus Mühlhausen gekommen. Entzückt lauschte er dem wunderbaren Klang und beseelt trat er dann den beschwerlichen Weg zurück nach Hause an, um nun doch noch mit seiner Familie das Christfest feiern zu können.

Der Nackenschlag kam für den Glockengießermeister Claus zwischen Weihnachten und Neujahr. Der Frost war nicht mehr ganz so streng, es hatte geschneit und das weiße Kleid über Felder und Flur und über die Dächer Mühlhausens setzte die anheimelnde Stimmung fort, die sich bei den Menschen zum Fest eingestellt hatte. In besonderer Weise bei Claus, der manchmal noch den majestätisch schönen

Klang seiner Osanna in den Ohren hatte. Fürs erste meinte er, jener Mann, der drei Tage vor Sylvester bei ihm auftauchte und eine Botschaft aus Erfurt brachte, wolle ihn foppen: Nur wenige Tage habe Osanna wie erwartet geklungen, so die niederschmetternde Nachricht. Jetzt krächze sie nur noch jämmerlich, wenn der Klöppel an den bronzenen Mantel der Glocke schlage!

Spornstreichs machte sich der fassungslose Meister erneut auf den jetzt tief verschneiten Weg nach Erfurt und besichtigte sein Werk. Eine Vielzahl von Rissen erklärte den katastrophalen Klang. Die anhaltende weihnachtliche Stimmung war jetzt endgültig dahin. Für Meister Claus stand fest: Da hatten fremde Mächte die Hand im Spiel. Konnte ihm der Teufel einen bösen Streich gespielt haben, der ja schon einmal einen tüchtigen Menschen aus Mühlhausen, nämlich den genialen Mönch, arg ins Verderben stürzte? Aber, überlegte Claus, eigentlich hatte er ja keinen Pakt mit dem Luzifer geschlossen. Hatte vielleicht der göttliche Vater im Himmel seinen Zorn walten lassen, weil er trotz Bitten am Heiligen Abend nicht bei seiner Familie weilte, wie es sich für einen rechten Christen geziemt?

Wer nun glaubte, der Glockengießer werfe jetzt die Flinte ins Korn und mache künftig einen großen Bogen um Erfurt, irrte sich gewaltig. Im Gegenteil: Claus wurde noch fanatischer und überredete sogar seine Familie, das Häuschen in Mühlhausen aufzugeben und nach Erfurt umzusiedeln.

Kaum war ihm 1474 das Bürgerrecht in seiner neuen Heimatstadt zugesprochen worden, bereitete er den Guss einer neuen Glocke für die Sankt-Severi-Kirche vor. Diesmal klappte alles – vorsorglich versicherte Claus seinen Lieben, zum Christfest werde er in diesem Jahr unter keinen Umständen abwesend sein. Die Osanna Nr. 2 erklingt heute noch in dem Gotteshaus.

Einige Jahre lang verhielt sich der unstete Meister unauffällig, doch um das Jahr 1480 muss ihn wieder einmal der Teufel geritten haben. Um die Weihnachtszeit herum verkündete er den Entschluss, jetzt eine Glocke zu schaffen, die sein Lebenswerk krönen sollte. Für den Mariendom wolle er eine riesige Glocke, eine Gloriosa, gießen, denn auch die Domglocke war Opfer eines Brandes geworden. Einspruch aus der Erfurter Bürgerschaft gegen die Pläne des nunmehr Einheimischen gab es diesmal nicht. Aber ein viel größeres Dilemma stand der Bewältigung des Vorhabens entgegen – die zunehmend schlechter werdende Gesundheit des Meisters. Verbissen schuftete Claus. Selbst als ihm die Arbeit kaum noch von der Hand gehen wollte, ließ es sein Ehrgeiz nicht zu, einen anderen Erfurter Glockengießer um Mitwirkung zu bitten oder sogar den Auftrag weiter zu geben. Nein, in aller Stille holte er sich Gesellen aus Sondershausen und Nordhausen. Das nächste Weihnachten erlebte er nicht; sein geschwächter Körper konnte die Aufregungen nicht mehr verkraften. Ehe die Bronze in die Form für die Gloriosa floss, verstarb Meister Claus. Einige behaupteten steif und fest, der Glockengießer sei das Opfer eines Giftanschlages missgünstiger Kollegen geworden.

Die Geschichte der Gloriosa soll zu Ende erzählt werden: Die Glocke zersprang schon bald nach der Einweihung. Die Erfurter Ratsherren zweifelten jetzt an dem handwerklichen Können ihres Meisters und seiner Gesellen. Sie vergaben den neuen Auftrag an einen Holländer, Gerhard Wou aus Kampen. Zweieinhalb Meter hoch und 272 Zentner schwer wurde der von Meister Wou gegossene Koloss. Seine Glocke ziert folgende Inschrift:

Ich besinge mit glorreichem Lob
die Schutzherren,
abwehrend die Blitze und bösen Geister.
Ich läute zu dem Gottesdienst,
der vom Volk im Dom
gefeiert werden soll.
Gerhard Wou aus Kampen
hat mich gegossen.
Im Jahre des Herrn
1497.

Als die Glocke das erste Mal läutete, soll man sie bis hin nach Gotha und Weimar gehört haben. 487 Jahre lang stimmte sie auch auf das Christfest ein, ohne das damit neue Aufregungen verbunden waren. Doch zu Weihnachten 1984 gab es einen Sprung, vermutlich verursacht durch einen zu schweren Klöppel, der um das Jahr 1900 herum eingebaut worden war. Der Riss konnte repariert werden und führte zu keinen nennenswerten Klangeinbußen. Bis 1997 war der Turmaufgang gesperrt, doch mit ihrem 500. Geburtstag ist die Gloriosa der Öffentlichkeit wieder zugänglich. Im März 2006 bekam die Glocke auch noch einen neuen Klöppel. Nun kann das grandiose Werk des Gerhard Wou aus Kampen in neuer Schönheit bestaunt und gehört werden – der einst von seiner Mission beseelte Meister Claus von Mühlhausen ist vergessen.

Nicht nur am Fuße des Kyffhäusers oder in Thüringen, sondern in allen deutschen Landen kursiert seit Jahrhunderten die folgende, während der Weihnachtszeit häufig erzählte Sage:

Ein Thüringer Bauer, der im Christmonat Kartoffeln auf dem Markt in Nordhausen verkaufen und Weihnachtsgeschenke für seine Familie einkaufen wollte, musste am Kyffhäuser vorbei. Plötzlich stand ein merkwürdiger Zwerg auf dem verschneiten, einsamen Weg. Das Männchen forderte barsch den Bauer auf, er solle sein Fuhrwerk durch ein Gebüsch fahren. Dahinter befände sich eine Höhle, da müsse er mit Ross und Wagen hinein.

Dem Fuhrmann war bekannt, dass er sich im Reich des übermächtigen Kaisers mit dem roten Bart befand, der in grauer Vorzeit scheinbar umgekommen war, aber sich in Wahrheit unter dem gewaltigen Kyffhäusergebirge aufhielt. Furchtsam kam er der Aufforderung des Männleins nach und kam so in eine riesige Halle. Kaiser Friedrich Barbarossa saß an einem steinernen Tisch; sein Bart war so lang, dass er sich zweimal um den Tisch schlängelte. Wenn das Barthaar so gewachsen sei, dass es ein drittes Mal um den Tisch herumreiche, dann würde der Kaiser aus der Erde zurück auf die Erde kommen – sagten die einen. Andere behaupteten, Barbarossa komme erst dann wieder, wenn keine Raben mehr um den Berggipfel kreisten. Wie dem auch sei, der Kaiser sah den Bauern eine Weile schweigend an, und dann ergriff das Männchen das Wort:

»Entlade deine Kartoffeln und schaufle dafür von dem

Sand, der hier in der Halle aufgehäuft ist, auf den Wagen!«

Vor Angst schlotternd kam der Bauer der Aufforderung nach. Als er mit der Arbeit fertig war, wurde es ihm schwarz vor Augen. Nachdem er wieder im Licht der Wintersonne stand, glaubte er, geträumt zu haben. Doch dann blickte er auf seinen Wagen und sah einen Berg voller Goldmünzen – um ein Tausendfaches mehr, als er für seine Kartoffeln auf dem Markt bekommen hätte.

Freudestrahlend fuhr der Bauer nach Nordhausen weiter und kaufte so reichliche Weihnachtsgeschenke ein wie noch nie zuvor. Auf der Rückfahrt wollte er nochmals die große Höhle aufsuchen und sich bei dem Zwerg bedanken, doch er fand den Eingang jetzt und auch später nicht wieder.

Der sagenhafte Barbarossa.

So weit eine von mehreren Sagen, die sich um den ersten Kaiser aus dem Haus der Hohenstaufen (Friedrich I., der Rotbart – Barbarossas – ertrunken 1190) und um den römisch-deutschen Kaiser Friedrich II. (gestorben 1250) ranken. Ursprünglich hat sich die Sage auf Kaiser Friedrich II. bezogen, doch dann ging sie immer mehr auf den Rotbart, auf Barbarossa über. Ihr Kernpunkt ist die im Volk verbreitete Sehnsucht nach der Wiederkehr eines edlen, gerechten und freigiebigen Herrschers, wie es einst Friedrich II. war, der nunmehr endlich für Frieden und Gerechtigkeit im Land sorgen sollte.

Vor dem Hintergrund der unter den Thüringern besonders tief verwurzelten Legende und der Hoffnung auf den alsbald erscheinenden friedfertigen und gerechten Kaiser ist ein Ereignis am Weihnachtstag des Jahres 1545 zu sehen. Zu jener Zeit war die früher mächtige Reichsburg Kyffhausen mit Ausnahme der aus dem 12. Jahrhundert stammenden Burgkapelle »Zum Heiligen Kreuz« nur noch eine Ruine. Um die Anlage herum verweilten gern die Viehhirten mit ihrer Herde. So auch an einem schneefreien Tag im Dezember anno 1545. Ein junger, aus Frankenhausen stammender Bursche hatte mit seiner Schafherde den langen und beschwerlichen Weg hinauf zur Burg nicht gescheut. Als er ein kärgliches Mahl einnehmen wollte, fiel sein Blick auf einen bärtigen Greis. Der groß gewachsene Alte schritt mit majestätischer Langsamkeit durch die Ruinen und war dann verschwunden. Sein ganzer Habitus und seine ungewöhnliche Kleidung ließen darauf schließen, dass es sich nicht um einen in der Einöde verlaufenen einfachen Mann handelte, sondern um eine besondere Persönlichkeit.

Friedrich Barbarossa. Holzschnitt des 16. Jahrhunderts.

Zurückgekehrt in seine Heimatstadt erzählte der Hirte im Wirtshaus von der ungewöhnlichen Erscheinung zwischen den Ruinen der Burg Kyffhausen. Der junge Bursche ahnte nicht im Geringsten, was er mit seinem Bericht auslöste. Kaum hatte er das Aussehen des bärtigen Mannes beschrieben, da rief jemand in der Runde: »Das wird Kaiser Barbarossa sein!« Und ein anderer meinte sogar, so wie einst der Herrgott seinen Sohn zur Erlösung auf die Erde geschickt habe, hätte er jetzt den sehnlicht erwarteten Kaiser veranlasst, sich dem Volk zu zeigen. Denn, so seine Frage: »Kann es denn Zufall sein, dass ein Bärtiger ausgerechnet zur Weihnachtszeit, zur Zeit der Geburt Christi, auf dem Kyffhäuserberg auftaucht?«

Wie ein Lauffeuer verbreitete sich die Nachricht von dem erneuten Weihnachtsgeschenk des Allmächtigen an die Menschheit. Vor zwei Jahrzehnten waren die Frankenhäuser noch Zeugen eines fürchterlichen Gemetzels vor den Toren ihrer Stadt gewesen; im Kampf der aufständischen Bauern unter Thomas Müntzer gegen die Heerscharen der Fürsten floss soviel Blut, dass ein entsprechender Hohlweg vom Schlachtberg hinunter in die Stadt fortan als »Blutrinne« bezeichnet wurde. Nun war Barbarossa gekommen, um mit solchen Grausamkeiten ein für allemal Schluss zu machen und für Gerechtigkeit zu sorgen. Das zumindest meinte ein Teil der Bevölkerung. Andere sagten, das sei alles Unfug. Vielleicht bilde sich der Viehhirte die Erscheinung mitten in der winterlichen Einöde nur ein!

Die Debatten zwischen der einen und der anderen Gruppe gingen eine Weile hin und her, bis man sich entschloss, hinauf zu wandern und sich selbst ein Bild zu verschaffen. Mittlerweile war aber eine riesige Menge Schnee gefallen und es war bitter kalt. Sobald die Bedingungen besser waren, sollte losmarschiert werden.

Das Weihnachtsfest war bereits vorbei, als sich mehr als dreihundert Barbarossagläubige, aber auch Skeptiker auf den Weg zu den Burgruinen machten. Als sie soweit herangekommen waren, dass man die ersten Mauern sehen konnte, rief plötzlich jemand: »Da, Rauch – es steigt Rauch auf.« Und tatsächlich, eine von offensichtlich einer Feuerstelle ausgehende Rauchfahne kündete davon, dass sich jemand in den Ruinen aufhalten musste oder zumindest aufgehalten hatte.

Die Ersten der Neugierigen stürmten nun eiligen

Schrittes voran. Unmittelbar vor der Burgkapelle »Zum heiligen Kreuz« sahen sie einen alten Mann an einem Feuer sitzen. In zwei darüber angebrachten Töpfen schien sich der Greis etwas zum Essen zuzubereiten. Sein Gesicht war bleich und hager, das Haupt grau, der Bart schwarz, das Gewand altertümlich – genau so hatte der Hirte die merkwürdige Person beschrieben. Schweigend und mit einem deutlich ehrfürchtigen Ausdruck sahen nun auch die bisherigen Skeptiker auf die unwirklich erscheinende Gestalt. Der merkwürdige Fremdling zeigte sich von den Besuchern kein bisschen überrascht, sondern beschäftigte sich mit dem Feuer und den Töpfen und tat so, als sei er in der Einöde nach wie vor völlig allein.

Nach einer ganzen Weile fasste sich einer aus der im weiten Halbkreis versammelten Leuteschar ein Herz und fragte:

»Wer seid Ihr? Warum wandelt Ihr hier oben auf dem Berg herum?«

Die Burgkapelle »Zum heiligen Kreuz« auf dem Kyffhäuser.

Jetzt blickte der Alte auf und ließ seine Blicke langsam über die vielen Menschen gleiten. Dann erhob er sich bedächtig und sprach mit ungewöhnlich tiefer Stimme:

»Ich bin der Kaiser Friedrich, auf den Ihr so lange gewartet habt.

Ich bin gekommen, um den Frieden in die Welt zu bringen, denn die Fürsten werden ihn nicht machen.«

Die Umstehenden erstarrten ehrfürchtig, obwohl viele von ihnen diese Botschaft erwartet hatten. Der vermeintliche Barbarossa genoss diese Ehrfurcht einige Augenblicke lang, um dann weiter zu reden.

Ja, schon seit längerer Zeit mache er sich Sorgen wegen des jämmerlichen Schicksals seiner Untertanen. Nun aber sei das Maß voll. Der Tag wäre gekommen, an dem er wieder die Regierung des Landes übernehmen werde.

»Halleluja, lobet den Herrn«, schrien nun die Leute. Spontan wollten einige den wieder erstandenen Kaiser auf die Schultern heben und hinunter in die Stadt tragen, damit er von da aus zu regieren begänne.

»Nein«, wehrte der ab, »ich habe während der Weihnachtstage Briefe an verschiedene Fürsten geschrieben und sie aufgefordert, mich zu unterstützen. Hier im Verborgenen will ich die Antworten abwarten, damit ich danach umso prächtiger auftreten kann. Auch weiß vom Volk außer Euch noch keiner von meinem Vorhaben, und so könnte das leicht an der Gottlosigkeit meiner Feinde scheitern, bevor mir kräftige Hilfe zuteil wird.«

Selbst die Ungeduldigsten sahen nun ein, dass es noch eine Weile bis zum Auftritt des alten Kaisers dauern müsse. Aber geheim halten konnte keiner mehr das Wunder, das im Weihnachtsmonat 1545 seinen Anfang genommen hatte. Immer mehr Menschen von immer weiter her strömten hin zur Burg Kyffhausen, die der kommende Herrscher zu seinem vorläufigen Aufenthaltsort gewählt hatte und huldigten ihm überschwänglich.

Das Ende der Begebenheit ist schnell erzählt. Die Massenbewegung hin zum Kyffhäuserberg veranlasste die Obrigkeit, der Sache nachzugehen. Ein Herr von Brüneck, Landvogt des Grafen Günther von Schwarzburg-Sondershausen, machte den vergötterten Greis dingfest. Untersuchungen ergaben, dass es sich um einen Schneider aus Langensalza handelte. Der Mann hatte längere Zeit im Gefängnis gesessen, unter anderem wegen des Verdachts, ein Wiedertäufer zu sein, und war 1545 in die Freiheit entlassen worden. Die Kapelle »Zum Heiligen Kreuz« auf dem Kyffhäuser nutzt er nach seiner Entlassung als Notunterkunft, von wo aus dann das weihnachtliche Wunder der Ankunft des Barbarossa seinen Verlauf nahm. Für kurze Zeit sperrte Graf Günther den Schneider erneut ein; dann bat er den Amtmann von Langensalza, dem alten Mann eine Wohnung zu verschaffen und für sein Auskommen zu sorgen.

Manche Leute glaubten auch jetzt noch nicht, einem Scharlatan aufgesessen zu sein: Zu Weihnachten soll der falsche Barbarossa bis an sein Lebensende Geschenke von unbeirrbaren Anhängern aus Frankenhausen und anderen Regionen Thüringens bekommen haben …

Weihnachtsmarkt in Weimar anno 1850. So sehr sich die Weimaraner und die vielen Besucher aus den umliegenden Dörfern über die interessanten Attraktionen und die verlockenden Angebote in den Verkaufsbuden freuten, so sehr bot der Marktplatz auch die willkommene Möglichkeit zum Klatsch und Tratsch. Und da gab es unter der biederen Volksseele diesmal etwas ganz Besonderes zu erörtern – die schamlose wilde Ehe eines eigentlich angesehenen Musikers mit einer allein stehenden Adligen, die sogar schon ein Kind hat! Und das in unserer tugendhaften Stadt, und das auch noch geduldet und gefördert von unserer verehrten Großherzogin! Das einzig Gute daran, so der allgemeine Tenor auf dem Weihnachtsmarkt: Beide sind nicht von hier, sind Fremde. Ja, die Frau soll sogar aus Polen oder Russland stammen!

Bei dem gewichtigen Thema auf dem Weimarer Weihnachtsmarkt ging es um den 39-jährigen Klavier-

Der Weimarer Marktplatz.

virtuosen Franz Liszt und um die acht Jahre jüngere Carolyne von Sayn-Wittgenstein. Die Beiden verband tatsächlich eine leidenschaftliche Liebesbeziehung.

Wie war es dazu gekommen? Liszt war auch unter großen Teilen der Weimarer Bevölkerung kein Unbekannter mehr, auch wenn er sich bisher noch nicht allzu häufig in der Klassikerstadt aufgehalten hatte. Der weithin gefeierte Künstler hatte zwar schon vor acht Jahren – 1842 – die Stelle des außerordentlichen Hofkapellmeisters in Weimar angenommen, reiste aber vorerst immer noch als Pianist durch Europa. Im Februar 1847 weilte er zu einem Benefizkonzert in Kiew und schloss in diesem Zusammenhang Bekanntschaft mit der Fürstin von Sayn-Wittgenstein.

Seit mehr als zehn Jahren war die intelligente und kunstsinnige Schönheit mit dem aus russischem Adel stammenden Fürsten Nikolaus von Wittgenstein verheiratet. Aus der Ehe ging schon bald nach der Vermählung das Töchterchen Marie hervor. Als die Fürstin Nachricht von dem Kiewer Wohltätigkeitskonzert des Virtuosen bekam, ließ sie ihm einen Hundertrubelschein übermitteln, obwohl sie bisher seine Musik noch nicht kennen gelernt hatte. Der dankbare Liszt machte einen Höflichkeitsbesuch bei Carolyne, spielte ihr auf dem Flügel vor und registrierte überrascht, dass das Herz der verheirateten Frau nicht nur für seine Musik, sondern auch für ihn lichterloh in Flammen geriet. Beim Abschied gab es tiefe Blicke und eine herzliche Einladung zum baldigen erneuten Besuch. Der Meister möge so rasch wie möglich auf das wunderschöne fürstliche Gut nach Woronince, gelegen zwischen Kiew und Odessa, kommen.

Offensichtlich war auch Liszt von der klugen und hübschen Frau beeindruckt. Die Visite erfolgte ziemlich schnell und endete mit dem Entschluss der Fürstin, ihren Ehemann zu verlassen. Dem teilte sie mit, von jetzt an als Partnerin des Herrn Franz Liszt leben zu wollen. Gegenüber den kirchlichen Behörden erklärte die Katholikin die Scheidung. Mit ihrer elfjährigen Tochter und einer Million Rubel im Gepäck setzte sie sich nach Österreich ab und gelangte von da schließlich nach Weimar.

In der Klassikerstadt fand Carolyne Hilfe bei der Großherzogin Maria Paulowna. Die Großherzogin, eine Tochter des russischen Zaren, bot ihr an, in der modern eingerichteten Altenburg – ein klassizistischer Bau in der Jenaer Straße – zu wohnen. Liszt, der sich in diesem ereignisreichen Jahr 1848 entschlossen hatte, als Hofkapellmeister in Weimar sesshaft zu werden, logierte vorerst in dem vornehmen Hotel zum Erbprinzen. 1850 zog er zu Carolyne in die Altenburg – und das war nunmehr Gesprächsthema auf dem Weihnachtsmarkt, und natürlich nicht nur dort.

Was manchen Moralaposteln zusätzlich suspekt war, stellten die regen Besuche vielerlei Künstler in der Altenburg dar. 1851 wurde dort ein erst knapp 18-jähriger Hamburger namens Johannes Brahms

Franz Liszt im Kreis seiner Schüler.

vorstellig. Dem bis dahin der Musikwelt noch ziemlich unbekannten Brahms ging es darum, dem hochgeschätzten Liszt und seiner kunstsinnigen Partnerin einige eigene Kompositionen vorzustellen. Aus dem Stapel der ihm vorgelegten handschriftlichen Notenblätter griff Liszt nach dem oben liegenden, setzte sich an den Flügel und begann zu spielen. Es handelte sich um das Scherzo Opus 4 in es-Moll. Die Zuhörenden waren von der stimmigen Komposition begeistert, lediglich Brahms bekam ein schamrotes Gesicht. Liszt hatte die teilweise extrem schlechte Notenhandschrift des Johannes Brahms nicht lesen können und während des Spiels die unleserlichen Stellen durch seine eigenen Vorstellungen ersetzt. Und das, registrierte Brahms, klang viel besser und harmonischer als jenes, was er eigentlich aufgeschrieben hatte.

Auch Carolyne von Sayn-Wittgenstein vernahm die Brahms-Liszt-Musik. In das Musikzimmer hatte sie sich jedoch nicht begeben, der Besucher war auch nicht von ihr begrüßt worden. Carolyne hatte gegenwärtig keine Nerven für oberflächliche Konversation; seit Tagen grübelte sie darüber nach, wie eine offizielle Vermählung mit ihrem Geliebten zustande kommen könnte. Eine unkomplizierte und baldige Lösung schien vorerst nicht in Sicht.

Einige Jahre später gab es einen Lichtblick. 1855 erschien Fürst Nikolaus von Wittgenstein in Weimar und zeigte sich Carolyne gegenüber sehr freundschaftlich und verständnisvoll. Er war inzwischen sogar wieder verheiratet, was für ihn als Protestanten unkomplizierter als bei der katholischen Carolyne arrangiert werden konnte. Von seinem Einverständnis zu einer erneuten Vermählung könne sie ausgehen, so die Mitteilung. Die Fürstin wandte sich schleunigst

Carolyne von Sayn-Wittgenstein mit ihrer Tochter Maria.

an die Petersburger Regierung, berief sich auf die Fürsprache des Fürsten Nikolaus und bat mit dem Hinweis um Genehmigung, ihr Vater habe sie damals zur Heirat gezwungen. Das Konsortium reagierte positiv, aber der katholische Nuntius von Wien, Monsignore di Lucca, verweigerte seine Zustimmung. Carolyne resignierte nicht, sondern sie fuhr zum Vatikan nach Rom und gewann das Kardinalskollegium dafür, den weltlichen Spruch des Petersburger Konsistoriums zu akzeptieren. Ihr stärkstes Argument war auch hier die eidesstattliche Versicherung, sie sei damals von ihrem Vater zur Heirat gezwungen worden.

Exakt drei Monate vor dem Heiligen Abend, am 24. September 1860, erhielt Carolyne von Sayn-Wittgenstein vom Papst höchstpersönlich und in aller Form das Einverständnis zu einer erneuten Vermählung. Beglückt durch das Ja-Wort des Papstes sollte die Hochzeit möglichst rasch stattfinden. Am liebsten zum großen Fest der Christen, am Weihnachtsabend, und nicht in Weimar, sondern in Rom.

Der angestrebte Ort bereitete keine besonderen Schwierigkeiten, wohl aber der ins Auge gefasste Termin. Wenn die Vermählung nicht wunschgemäß Weihnachten stattfinden könne, dann müsse eben nach einem anderen besondern Zeitpunkt gesucht werden. Man wählte schließlich den 22. Oktober 1861, jenen Tag, an dem Franz Liszt fünfzig Jahre alt werden würde. Die Trauungszeremonie war in der Kirche San Carlo al Corso vorgesehen. Dass es dann doch nicht zur Vermählung kam, hat mit einem Zufall zu tun, der recht ungewöhnlich ist:

Schon am 21. Oktober prangte San Carlo al Corso im üppigen Hochzeitsschmuck. Ein neugieriger Tourist erkundigte sich nach der Ursache; die Kirchenleute erzählten dem Besucher von der für morgen geplanten Hochzeit und auch die ihnen bekannte Vorgeschichte. Die Nachricht von der Vermählung und den damit verbundenen Umständen gab der Neugierige an seinen Vater weiter. Der Vater war ein polnischer Cousin von Carolyne, der seine Cousine partout nicht ausstehen konnte. Spornstreichs wandte sich der alte Herr an den Papst und erklärte, dass seine Base hinsichtlich des auf sie damals ausgeübten Zwangs die Unwahrheit gesagt, also einen Meineid geschworen habe.

Seine Heiligkeit reagiert sofort. Noch am selben Abend ordnet er die Verschiebung des Hochzeitstermins an; zunächst müssten alle Akten nochmals gesichtet und alle Aussagen erneut gewertet werden.

Zu der Vermählung kam es nie mehr; Carolyne ging in sich und kam zu dem Schluss, der Zufall und die Reaktion des Papstes sei ein untrügliches Zeichen des Allmächtigen zur Entsagung gewesen!

WEIHNACHTSPINKELN IM THÜRINISCHEN BETHLEHEM

Im Dezember des Jahres 1904 verstarb in Orlamünde ein Mann namens Gottfried Eismann, der von nicht wenigen Einheimischen als der gute Stern der Kirchgemeinde angesehen wurde. Einen Monat später hätte Gottfried bereits seinen 82. Geburtstag feiern können; er hatte also ein für damalige Zeiten biblisches Alter erreicht. Das war auch allen jenen Orlamündern bewusst, die am Begräbnis kurz vor Weihnachten teilnahmen und der Trauerpredigt des Pfarrers lauschten. Er fand viele gute Worte für den Verstorbenen, auch deshalb, weil dieser vierzig Jahre zu jedem Gottesdienst mit dem Klingelbeutel von Kirchenbank zu Kirchenbank geschritten war und so das Wohl der Kirche mehrte. Außerdem bediente er den Blasebalg der Orgel. Diese Tätigkeit bezeichnete man als »Balgknietschen« – daraus war für Gottfried Eismann der Spitzname »Knietschfriede« entstanden.

Orlamünde.

Mit Blick auf das bevorstehende Weihnachtsfest wird der Herr Pastor wohl auch von dem Stern von Bethlehem und der Geburt Christi gesprochen haben. Viele Orlamünder hörten es generell gern, wenn ihr Städtchen wegen der Lage auf einem hohen Felsen über dem Saaletal mit dem biblischen Bethlehem verglichen wurde. Und war der im thüringischen Bethlehem geborene Eismann nicht gewissermaßen einer der Sterne von Orlamünde? Allerdings auf ganz andere Art als im biblischen Sinn, denn Knietschfriede war zwar bekannt durch seine Abergläubigkeit und seinen Eigensinn, glänzte aber auch durch Mutterwitz und Schalck. Insofern werden manche der Trauergäste selbst am Grab hin und wieder verstohlen geschmunzelt haben, wenn der Pfarrer die eine oder andere Lebensstation des Gottfried Eismann und die damit verbundenen Vorgänge streifte.

Ein solcher Vorgang war ein Ereignis im Jahr 1892, das anschließend unter dem Begriff »Weihnachtspinkeln« in vielerlei Gesprächen die Runde machte. Was war geschehen?

In der Welt des Aberglaubens spielen die so genannten Zwölfnächte zwischen dem 25. Dezember und dem 6. Januar eine herausragende Rolle. Am zweckmäßigsten sei es, sich während dieser Zeit auf die faule Haut zu legen und am besten gar nichts zu tun. Die Zwölfnächte sind die Aktivzeiten böser Geister, so die landläufige Meinung. Sie spuken und gespenstern um die Menschen herum, um diese zum Tätigwerden zu verführen. Dadurch geschwächt, können die Geister ihre bösen Absichten erfolgreich umsetzten.

Natürlich war auch Knietschfriede diesem Aberglauben erlegen, der – mit seiner Aufforderung zur

Geruhsamkeit – ja auch etwas für sich hatte. Nun war er aber auch überzeugt davon, dass die Zwölfnächte eine sichere Wettervorhersage für das kommende Jahr lieferten, wenn von Nacht zu Nacht insgesamt zwölf Salznäpfchen aufgestellt würden. Am darauf folgenden Morgen könne man dann erkennen, ob der jeweilige Monat ein trockener oder eher feuchter werden würde. Um nun während der Zwölfnächte nicht den kleinsten Finger für Tätigkeiten rühren zu müssen, die man auch zuvor erledigen kann, stellte Knietschfriede seit Jahren am Heiligabend alle Salznäpfe zugleich auf ein Wandbord – die Auswertung erfolgte dann am Morgen des 6. Januar. So war es auch am Heiligabend anno 1892 vorgesehen.

Die beiden Enkel hatten das Aufstellen der Näpfchen beobachtet. Warum der Großvater das machte,

Knietschfriede aus Orlamünde.

wussten sie sehr wohl. Das hielt sie aber nicht davon ab, dem Opa einen Streich zu spielen. Als der sich doch einmal aus dem Haus bewegen musste, stiegen sie auf einen Stuhl und holten die Näpfe vom Bord. Dann stellten sie diese in zwei Sechsergruppen und wetteiferten darin, wer wohl beim vorsichtigen Pinkeln die größere Treffsicherheit hatte. Die mehr oder weniger gefüllten Behältnisse kamen nunmehr wieder hoch auf das Regal.

Außer den beiden Enkeln wunderte sich die Familie fast zwei Wochen lang über den merkwürdigen Geruch im Zimmer. Die Katze geriet in den Verdacht, ihr Geschäft am falschen Ort begangen zu haben. Der Hofhund, den man am Heiligabend barmherzig ins Haus geholt hatte, wurde als Übeltäter beschimpft. Die Großmutter sprach gar von bösen Geistern, die sich vielleicht unanständig benommen hatten. Alle rätselten, was geschehen sei – mit Ausnahme der beiden Enkel. Denen fehlte freilich der Mut, für Aufklärung und damit für die Beseitigung des Problems zu sorgen.

Die Zwölfnächte waren vorüber. Erwartungsvoll schickte sich Knietschfriede an, den Wetterverlauf des Jahrs 1893 abzulesen und zu notieren. Er kramte sein schon vor Jahren angelegtes Notizbuch hervor, spitzte den Bleistift und stieg dann auf die kleine Trittleiter. Vorsichtig nahm er das erste Behältnis, den »Januarnapf«, herunter, blickte hinein und schlug entsetzt die Hände über dem Kopf zusammen. »Dass Gott sich erbarm, wird das ä nasses Gohr«, soll er artikuliert haben. Und dann sei es von Näpfchen zu Näpfchen weitergegangen mit den Ausrufen: »Überschwemmung … Überschwemmung … nischt wie Überschwemmung!«

Überzeugt davon, dass seine Methode der Wettervoraussage unfehlbar wäre, erwartete Knietschfriede voller Furcht das neue Jahr. Und nicht nur er, sondern mit ihm viele Orlamünder blickten mit Zittern und Zagen auf die kommende Zeit. Auch wenn sie nicht dem Aberglauben so wie Knietschfriede erlegen waren, verkündete dieser mit soviel Überzeugung in der Stimme eine Wetterkatastrophe bisher nicht gekannten Ausmaßes, dass selbst die aufgeklärtesten Einwohner manche unruhige Nacht hatten.

Das Jahr 1893 ging in die Geschichte der Meteorologie in Thüringen als ein extrem trockenes ein. Die Flüsse führten so wenig Wasser wie seit langen Zeiten nicht mehr; Vieh musste notgeschlachtet werden, weil kein Futter wuchs oder verdorrte, Gärten glichen einer Wüste und die Bäume trugen keine Früchte. Knietschfriede verstand die Welt nicht mehr. Dennoch, an seiner Methode der Wettervorhersage zweifelte er selbst jetzt nicht. Nein, da musste etwas ganz Ungewöhnliches geschehen sein – hatten vielleicht die Gespenster in den Zwölfnächten trotz aller Vorsichtsmaßnahmen die Oberhand gewonnen?

Eine Menge Erleichterung war mit im Spiel, als der Wetterprophet von dem Streich seiner Enkel vernahm. Die hatten ihren Spielkameraden voller Stolz von der Pinkelei erzählt. Rasch wurde dann das »Weihnachtspinkeln« im thüringischen Bethlehem allerseits bekannt. Knietschfriede soll als ein Mann von Humor die Sache mit Gelassenheit genommen haben. Am Heiligabend 1893 wählte er aber für das Aufstellen seiner zwölf Salznäpfchen einen geheimen und damit wohl sicheren Ort! Jedenfalls ist nicht bekannt, dass sich die Weihnachtspinkelei wiederholt hat…

Als der in Eisenach ansässigen Familie Preller am 25. April 1804 ein fürchterlich schreiendes Kind geboren wurde, konnte niemand ahnen, dass der geschafften Mutter ein Säugling in den Armen lag, der einmal zu den berühmten deutschen Landschaftsmalern des 19. Jahrhunderts zählen wird. Schon frühzeitig schickten die Eltern den jungen Friedrich auf die von einem Hofrat geleitete Zeichenschule nach Weimar. Der talentierte Jüngling fiel hier sogar Johann Wolfgang von Goethe auf. Der Dichterfürst sorgte für die weitere Ausprägung der künstlerischen Begabung in Dresden. Anschließend – 1825 – brachte ihn sogar der Großherzog von Weimar persönlich zu dem damals berühmten Maler van Bree, der an der Kunstakademie in Antwerpen wirkte. Nach Stationen in Mailand und Rom kehrte Friedrich Preller 1831 zurück nach Weimar, wurde hier nahe dem Schiller-Haus ansässig und heiratete.

Wie für nahezu alle Thüringer war das Weihnachtsfest auch bei den Prellers etwas besonders Schönes – und noch schöner wurde es, als dem Ehepaar am 1. September 1838 ein Sohn geboren wurde, den man wie einst den Vater auf den Namen Friedrich taufte.

Lange wurde vor jedem Christfest überlegt, was das passende Weihnachtsgeschenk für den Nachwuchs sein würde, welche Überraschungen man noch organisieren könnte und wie der heranwachsende Sohn mit in die Einstimmung auf das Fest einbezogen werden kann. Dabei war Vater Preller aber in drei Dingen streng und unerbittlich: Weihnachten vorzubereiten und zu feiern war ein Ritual, das streng nach Plan zu verlaufen hatte; das Weihnachtsgebäck musste mit allergrößter Akkuratesse entstehen; im Wettbewerb mit dem gesamten Weimarer Freundeskreis um die beste Qualität der Weihnachtsstollen durften die anderen nicht siegen.

Dem kleinen Friedrich wie dann auch den anderen Kindern war zwar erlaubt, die Formen in den Teig für das Weihnachtsgebäck einzustechen und derart ihrer Mutter Herzen, Vögel, Sterne, Schweinchen und andere Figuren mehr zum Backen zu liefern. Doch wenn dann das Gebäck aus dem Ofen kam, schlug die Stunde des Vaters. Das Glasieren war ausschließlich seine Angelegenheit. Dabei demonstrierte er nicht nur unglaubliche Akribie, sondern er brachte sich auch als Künstler ein. Sein Ehrgeiz war darauf gerichtet, die Gebäckstücke nicht alle auf gleiche Art zu verzieren, sondern möglichste Vielfalt zu erreichen. Ja, wenn man wegen der großen Familie und den Gästen nicht so große Mengen hätte bereiten müssen, wäre es Friedrich Preller am liebsten gewesen, jedem Stück sein spezifisches Aussehen zu geben. Auch wenn das natürlich nicht machbar war, hatte den-

Das Schiller-Haus in Weimar.

noch das Gebäck im Hause Preller jahraus-jahrein das schönste Aussehen. Eigentlich bereitete es den Freunden und Nachbarn gar keinen so rechten Spaß mehr, hier zu wetteifern. Der Sieger stand ja von vornherein immer schon fest!

Vom Weihnachtsfest 1854 ist belegt, dass der Wettbewerb eine neuartige Dimension bekam. Das Aussehen spielte zwar immer noch eine Rolle, aber nun sollte auch der Wohlgeschmack nicht minder wichtig sein und bewertet werden.

Schwungvoll nahm Friedrich Preller die Herausforderung an. Was das Gebäck anbelangte, hatte der Christkindleszucker einen gewissen Vorrang in den einzelnen Familien. Das übliche Rezept für die Zubereitung lautete:

Aus 250 Gramm Butter, 250 Gramm Zucker, 500 Gramm Mehl, drei Eiern und dem Saft einer halben Zitrone einen Mürbeteig kneten, ausrollen und in Formen ausstechen. Bei mäßiger Hitze goldgelb backen, danach mit Zuckerglasur, Streuzucker, Mandeln und Nüssen verzieren.

Nein, dachte Preller, da muss etwas Neues her! Nun war es Mitte des 19. Jahrhunderts so, dass schon seit einigen Jahrzehnten ein typisches Thüringer Erzeugnis seinen Siegeszug weit über die Grenzen Thüringens hinaus angetreten hatte – der Nordhäuser Kornbranntwein. Bereits zu Beginn des 16. Jahrhunderts destillierten sich Bürger der kaiserlich freien Reichsstadt Nordhausen ihren »Bornewyn« für den Privatgebrauch. Das Destillat wurde nicht nur zum sich Berauschen, sondern als Lebenselixier gegen eine Vielzahl von Gebrechen gebraucht. Drei Jahrhunderte später gab es in der Stadt schon mehr als 100 gewerbliche Brennereien, die inzwischen den Bornewyn, den Kornbranntwein, sogar ins Ausland lieferten. Aber jetzt war der Branntwein nicht ausschließlich mehr zum Trinken bestimmt, sondern er diente auch dazu, manchem Gekochten und Gebackenen einen spezifischen Wohlgeschmack zu geben. Auch bei der Fertigung der Thüringer Festtagsbäckerei wurde er hier und dort verwendet; so wohl auch in der wetteifernden Familie Preller bei der Fertigung von Schnapsplätzchen.

Das Thüringer Rezept für das Backen dieser Spezialität lautet folgendermaßen:

> *Man rühre 60 Gramm Hefe mit einem doppelten Schnaps an. Dann mit 500 Gramm Mehl und ebenso viel Butter verkneten. Den Teig kühl stellen, ausrollen und die Plätzchen ausstechen. Mit Eigelb verstreichen, mit Zucker bestreuen und bei mäßiger Hitze backen.*

Ob Prellers anno 1854 damit im Wettbewerb großartige Pluspunkte gesammelt haben, wissen wir nicht; wohl aber, dass die »Schüttchen« – die Weihnachtsstollen – der Nachbarin Frau Schuchardt ebenso gut waren wie die der Familie Preller.

Üblicherweise war an einem Dezembertag schon in aller Herrgottsfrühe, nämlich fünf Uhr, ein Bäckerbursche gekommen, um den Schüttchenteig einzumengen. Spätestens dann musste entschieden sein, welche Mehlsorte zu verwenden ist. Und da hatte jede der Hausfrauen ihre eigene Meinung. Einig war man sich aber darin, dass eben die Auswahl des Mehls der entscheidende Punkt für das mehr oder weniger gute Gelingen der Schüttchen ist. Als sich Mutter Preller gegen neun Uhr auf den Weg zum Bäcker macht, um dort ihre gebackenen Stollen in Empfang zu nehmen, ahnt sie bereits, dass jene der Schuchardten mindestens so gut geworden sind wie ihre eigenen. Zuhause dann die endgültig niederschmetternde Botschaft:

»Der Schuchardtschen ihre sind diesmal auch geraten. Vielleicht besser als unsere!«

Tage später, am Heiligen Abend, wird ein Schüttchen angeschnitten, zumal sich Gäste eingestellt haben. »Ja«, sagen die erschienenen Schüler des Künstlers und auch die anwesende Malerin Luise Seidler, »die Schüttchen schmecken prima.« Und dann von einigen der Nachsatz: »Aber die von Schuchardts sind auch ganz gut …«

Die Enttäuschung bei den Prellers war groß. Vielleicht haben sich an diesem Weihnachtsabend der ehrgeizige Friedrich Preller und seine Frau mit einem Glühwein »Thüringer Art« getröstet, für dessen Zubereitung ein Rezept aus der Feder des Francois le Goullon diente. Goullon war ehemals Küchenmeister am Hof der Herzogin Amalie zu Sachsen-Weimar-Eisenach. Sein 1829 in Weimar erschienenes »Taschenbuch für Freunde gastlicher Bewirthung und einer wohlbesetzten Tafel, so wie für Mundköche,

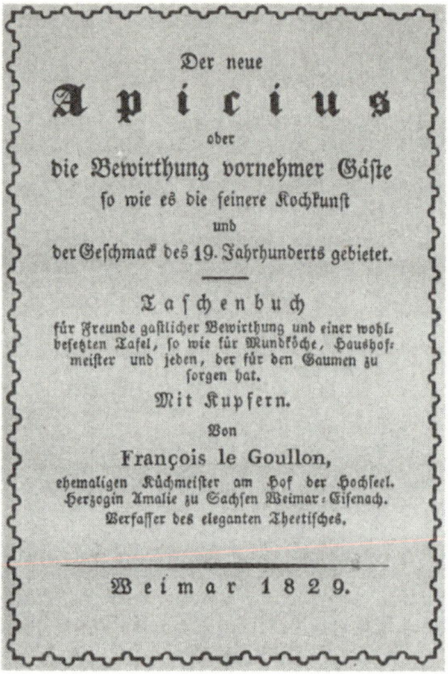
Der neue

Apicius

oder

die Bewirthung vornehmer Gäste

so wie es die feinere Kochkunst

und

der Geschmack des 19. Jahrhunderts gebietet.

Taschenbuch

für Freunde gastlicher Bewirthung und einer wohlbesetzten Tafel, so wie für Mundköche, Haushofmeister und jeden, der für den Gaumen zu sorgen hat.

Mit Kupfern.

Von

François le Goullon,

ehemaligen Küchmeister am Hof der Hochseel. Herzogin Amalie zu Sachsen Weimar-Eisenach.

Verfasser des eleganten Theetisches.

Weimar 1829.

Haushofmeister und jeden, der für den Gaumen zu sorgen hat« wurde in vielen gutbürgerlichen Haushalten Weimars eifrig genutzt. In dem mit »Der neue Apicius oder die Bewirthung vornehmer Gäste« betitelten Buch lautet das Rezept für weihnachtlichen Glühwein folgendermaßen:

Vier ganze Eier und von vier Eiern das Gelbe werden in eine Casserolle getan und nach und nach ein Maß Francken- oder Rheinwein darunter gerührt, alsdann durch ein Haarsieb gegossen, damit die Keime der Eier zurückbleiben, und nebst zwölf Loth Zucker und einigen Stückchen Zimt auf das Feuer gesetzt und ununterbrochen mit dem Schlagbesen so lange geschlagen, bis er in einem dicken Schaum in die Höhe steigt.

Man serviert den Glühwein in Tassen.

WEIHNACHTSSINGEREI ZU URGROSSMUTTERS ZEITEN

Kantor Johannes Birnbaum aus Jena – seit Schülergenerationen nur Birne genannt – hasste abgrundtief die freien Tage um Weihnachten und Neujahr. Das erscheint verwunderlich, denn um das Jahr 1900 herum gab es für den Lehrer und Organisten der ehrwürdigen Universitätsstadt selbstverständlich schon Weihnachtsferien. Warum also haderte er mit den Tagen und freute sich nicht auf die Beschaulichkeit der Weihnachtszeit?

Die Ursache ist zunächst verblüffend: Zum Jahresende hin musste der Kantor mit den Schülern singen gehen! Allerdings nicht als Solist. Nein, Birnbaum stellte aus den einigermaßen erträglichen Sängern der verschiedenen Klassen einen Chor zusammen, der auch ansonsten mal in der Kirche, mal am Kriegerdenkmal vortragen musste. Ein oder zwei Liedchen konnte man von diesem Chor des Öfteren bei Beerdigungen, Taufen, Hochzeiten, Jubiläen und

Jena im 19. Jahrhundert.

ähnlichen feierlichen Anlässen hören. Anlass zum Singen war aber eben auch Weihnachten. Und nun war es wieder so weit – Christfest in wenigen Tagen!

Bereits am Mittag hatte Birnbaum keinen Appetit auf Grünkohl und ein saftig-fettes Stück Kassler. Er stocherte mit seiner Gabel in den schmalzigen Bratkartoffeln herum und seine Elsa redete ihm unentwegt zu:

»Hans, du musst doch etwas im Magen haben!«

»Ich hab was am Magen, glaub ich!«, stöhnte Birnbaum.

»Ach, das hast du doch schon im vorigen Jahr herumgeschwindelt, Mann!«, antwortete die resolute Frau: »Am Ende hat dir Doktor Kässmeier ein teueres Rezept verschrieben, aber keine Bettruhe. Im Gegenteil, du sollst essen und dich bewegen!«

»Jaja«, antwortete der Lehrer verdrießlich und aß brav seinen Teller leer.

Immer wieder ging er in die gute Stube, um aus dem Fenster in den Jenaer Himmel zu schauen. Der war zur Mittagszeit dunkelgrau. O welche Freude, wenn jetzt ein heftiger Schneesturm losbrechen würde! Oder ein Regen, ein Wolkenbruch müsste hernieder prasseln! Dann noch Glatteis hinterher, dass niemand seinen Hund vor die Tür schickt. Geschweige denn den Kantor und Organisten. Aber wie zum Hohn tanzten nur wenige Schneeflocken durch die ruhige Luft und schmolzen sofort auf dem typischen Jenaer Katzenkopfpflaster.

Vom Kirchturm schlug es siebenmal. Also war es nach der ortsüblichen Umrechnung etwa nachmittags um Drei, denn für eine Reparatur des Schlagwerks gab es in der Kirchenkasse schon seit langer Zeit kein Geld.

Kantor Birnbaum zog mürrisch seinen einzigen und deshalb besten Gehrock und die grauen Hosen an, setzte den pechschwarzen Zylinder auf und trat auf die Straße. Hier stand schon – wie jedes Jahr – ein gutes Dutzend Chorsänger zu allem entschlossen bereit.

»Guden Dach, Herr Kanter!«

Der Ton war auffallend freundlicher als sonst in der Schule; sicher in Erwartung ungewöhnlicher, fröhlicher Dinge. Und diese Erwartung ging erfahrungsgemäß weit über einzusammelnde Äpfel, Nüsse, Pfefferkuchen und die Groschen hinaus, die der Kantor später unter den Jungs aufteilen würde. Anschließend, wenn es ging; ansonsten nach den Weihnachtsfeiertagen! Da war auf den Herrn Kantor allemal Verlass.

Zwei Schüler trugen einen kräftigen Knüppel über den Schultern. Dort sollten die nach uraltem Herkommen für den Lehrer gespendeten Würste angehängt werden, während die Geldbeträge stillschweigend in seiner Rocktasche verschwanden.

»Guten Tag, Jungs!«, antwortete der Kantor, bemüht um ein heiteres Wesen, wenn es ihm auch nicht völlig überzeugend glückte.

»Jungs, also dann – auf, auf!«

»Wohin denn heute zuerst?«

»Wir beginnen heute … Löbdergraben!«

Birnbaum musste große Schritte machen, um seinen flott marschierenden Schülern zu folgen.

Im ersten ebenerdigen Fachwerkhaus des Löbdergrabens lebte und arbeite der Herr Schneidermeister und Feldwebel a. D. Paul Bringezu mit seiner achtköpfigen Familie. Alle Mann waren bei den Bringezus seit Generationen völlig unmusikalisch, aber dennoch voller Vorfreude auf das fällige Ständchen.

Kaum war das Lied »Nun kommt die liebe Weihnachtszeit« herausgeschmettert, packten Mama und Oma Bringezu Gaben für die Schüler ein, hingen zwei kleine Blutwürste an den Knüppel und übergaben das eingewickelte Geld. Unterdessen wartete der kauzige Schneider und Feldwebel a. D. mit der Schnapsbuddel unterm Arm.

»Das war aber mal wieder schön!« grinste er und goss das Glas für den Kantor randvoll:

»Schlehenschnaps, selbst gebraut! Das Beste für'n Magen! Prost denn auch!«

Der Lehrer schluckte mit Todesverachtung den brennenden Rachenputzer hinunter.

»Ja, der wärmt durch und durch! Na, noch'n Schluck auf den Weg?«

Munter gluckerte der Schnaps in der Flasche, doch Herr Birnbaum winkte tief atmend ab:

»Danke! Und gesegnete Weihnachten!«

Mit »Nun danket alle Gott!« stand die Sängerschar bereits vor dem nächsten Haus, in welchem der scheinheilige Küster Haferkampf hauste. Was die knochige Frau den Jungen in einen Korb gab, sah Birnbaum nicht. Für ihn fielen jedenfalls nur eine lange, äußerst dünne Leberwurst und ein Glas von dem obersauren Weißwein ab, der stets zum Abendmahl herumging, wo er bekanntermaßen jedem die Kehle zuschnürte.

»Ein gesegnetes Fest und Gottes Segen!« wünschte der Kantor verlogen und lehnte ein zweites Glas von dem Essiggebräu bescheiden ab. Nebenan wartete vergnügt der Schmiedemeister Hannes Krone mit seinen Lieben. Noch während die Jungen sangen »Morgen, Kinder, wird's was geben!«, bekam der Kantor einen dreistöckigen Korn. Der Schmied hielt ihm das Etikett unter die Nase: Echt Nordhäuser!

Der Meister hatte wohl schon mehrere Kostproben in sich. Wenn der jetzt zu nahe an eine Petroleumlampe käme, dachte der Lehrer, müsste es eine flammende Verpuffung geben!

»Na, Herr Kantor, noch'n Nordhäuser Priem mit auf'n Weg?«

»Danke, danke … so weit …«

Der Angesprochene wies seinen Chor an, weiter zu gehen.

Witwe Schrollhagen hatte ihr violettes Sonntagskleid angezogen und ihr Gesicht ziemlich grell geschminkt.

»Mein lieber Herr Birnbaum!« sang sie fast: »Schon wieder ist ein Jahr am Ende sozusagen. Aber uns beiden ist ja noch jung zumute, und deshalb trinken sie auf unser beider Gesundheit!«

Sie übergab einem Jungen den gepackten Korb mit der barschen Anweisung: »Aber morgen früh zurück!«. Dann steckte sie dem verehrten Herrn Birnbaum einen Brief in die Rocktasche. Außer Sichtweite sofort Geld herausnehmen und das Geschriebene zerreißen, versuchte der Kantor und Organist sich zu merken. Im vorigen Jahr hatte nämlich seine Frau den überschwänglichen Liebesbrief beim Ausbürsten gefunden.

Während des Liedes bekam Birnbaum ein Glas voll spanischen Rotwein. Er schüttete ihn ohne Andacht hinunter.

Kantor Birnbaum war zwar inzwischen ein wenig durcheinander, doch immerhin um vornehme Haltung bemüht. Förmlich verabschiedete er sich:

»Alles Gute … Frau … hm, also wie jesecht … jesagt … Nochmals … und dito!«

Beim Stellmacher Holten gab es selbst gepanschten Johannisbeerwein mit Stachelbeerverschnitt. Waldarbeiter Portius präsentierte echt italienischen Zitronenlikör aus dem Eichsfeld.

Am nächsten Häuschen versuchte der Kantor seine Schülerschar besonders schnell vorbeizulotsen. Nicht, weil dort die Tante Rieke (von seiner Frau aus!) wohnte und er ihren Garten noch immer nicht – wie versprochen – umgegraben hatte, sondern ... Na ja, die Alte hatte ihn natürlich längst entdeckt und schlurfte mit ihrer Wurst herbei. Gott sei Dank ohne Schnaps!

Die Wurst glänzte im matten Sonnenlicht. Folglich war der Schimmel erst vorhin mit Öl abgerieben worden. Birnbaum ließ sie gleich in den Korb für die Schüler gleiten.

»Also ... alles Gute och, Tante Rie ... Rie ..!«. Der Lehrer wollte unbedingt weiter. – »Junge! Nimm ein Schluck!«

»Is doch nich nötig ... so was, Tan ...!«

Aber schon zog Tante Rieke ein Glas aus der rechten Schürzentasche und eine dunkelbraune Flasche ohne Etikett aus der linken und schenkte eine leichtgelbliche Flüssigkeit ein. Hoffentlich nicht wieder Brennspiritus wie vor zwei Jahren, betete Birnbaum, weil er das Gesöff nicht einfach unbeobachtet fortschütten konnte.

»Prost, mein Junge! Ruckzuck und weg damit!«

Der Lehrer schloss die Augen und stürzte das Feuerwasser hinunter. Danach öffnete er zunächst ungewöhnlich weit seine Augen, bevor eine Art Schüttelfrost mehrmals heftig seinen Körper durchlief.

»Gut so, mein Junge!« freute sich Tante Rieke: »Da kommt überall der edle Tropfen hin!«

Kantor Birnbaum ging wie ein Schlafwandler, ja wie hypnotisiert und grußlos den Löbdergraben weiter. Seine Lippen kräuselten sich unwillkürlich, als seien sie zusammengenäht.

»Das riecht beim Kanter so komisch nach Wanzenvertilgung!« behauptete ein kleiner Schüler und schnüffelte umher.

»Woher kennst du denn so ein Lausezeug?« fragte ein Mitsänger höhnisch, bekam freilich keine Antwort mehr.

Der Kantor schwor sich: diese Hexe grabe ich endgültig unter! In ihrem eigenen Garten! Dieses verwanzte Weib! Ein Königreich für eine Axt!

Der Chor stand unterdessen vor dem vornehmsten Haus im Löbdergraben, welches dem Sägewerksbesitzer Rammelburg gehörte.

In seiner spinatgrünen Hausjacke mit goldener Kordelverschnürung stand der wohlgenährte Herr vor der schmiedeeisernen Gartentür und paffte eine teure Zigarre, von deren Sorte er sogleich leutselig dem Herrn Organisten ein Halbdutzend zusteckte. Inzwischen verteilte seine blutjunge, dralle Köchin die großzügigen Gaben. Niemand in Jena traute ihr auch nur das Kochen von Wasser zu, aber sicherheitshalber gab es ja an ihrer Seite noch die Haushälterin im vorgerückten Pensionsalter.

»Na, Herr Birnbaum«, fragte der heitere Herr Rammelburg: »Was macht denn so im großen und ganzen die Pädagogik?«

»Njao … pschsch! hui … schsch!« machte der geistig völlig abwesende Chorleiter und stierte seinem heißen Alkoholatem in der kalten Luft nach.

»Ja, so geht das eben zu in der Welt!«

Herr Rammelburg gab seiner strammen Köchin

Walburga einen Wink, worauf zwei bauchige Gläser gefüllt wurden:

»Etwas ganz Delikatessisches aus Frankreich, Herr Birnbaum! Kognak a la Diplomatee!«

»Wat denn, wat denn?« fragte der Lehrer und versuchte sich zu konzentrieren: »Wat? Tomatee? Was is'n dat?«

Der Herr Sägewerksbesitzer amüsierte sich köstlich: »Prost, Herr Birnbaum.«

Sanft wie Öl lief der französische Branntwein durch den Schlund. Der Kantor rülpste plötzlich laut und heftig.

Der Spender rief: »Wohl bekomm's!«

Eine prächtige Salami baumelte von jetzt ab am Wurstknüppel. Und nun brachte die Haushälterin auch noch Tassen in einem Korb, um jedem Sänger einen dampfenden Teepunsch einzuschenken.

In Jena zur Vorweihnachtszeit.

»Neeneenee!« protestierte Birnbaum vergeblich.

»Nu lassen sie man«, bestimmte der Sägewerksbesitzer: »In der Kälte singen die Jungen danach noch mal so schön!«

Er hatte schließlich unbeobachtet eine ganze Flasche Himbeerlikör in das wärmende Getränk gegossen. Die Jungen schlürften den Wunder wirkenden Punsch, während ihr Kantor noch einen zweiten Kognak schluckte. Dann kommandierte er plötzlich wie sonst nur auf dem Schulhof bei Freiübungen, die er aus seiner fernen Militärzeit kannte:

»Jungs! Aufstellen! ... hinstellen! Augen ... da ... und dorthin! Und nun singen!«

Vor dem nächsten Haus schrien die durchwärmten Sänger in allen Tonarten »O Tannebaum, o Tannebaum!«

Frau Weller war begeistert, weil ihr schwerhöriger Gatte das Lied erkannte und erfreut mitsang. Freilich viel zu langsam. Der Kantor erhielt eine fette Sülzwurst und Stichfleisch und jeder Junge ein fingerlanges Würstchen. Das war extra gestopft worden, als man endlich dem geliebten Schwein zu Weihnachten den Garaus gemacht hatte.

»Jawoll!« stammelte der Kantor irgendwie vor sich hin: »Ist das nicht alles schön ... auch ein Schwein ... na denn ... sowieso ...«

Er trank seinen Kümmel und stöhnte dann aus tiefem Grund: »Aaooh! dat rutscht ja rauf und runter wie Schpie ... wie Schpieri ... wie Schpierimatismus, Frau!«

»Frohe Weihnachten!« wünschte Frau Weller reichlich verlegen und wollte ins Haus, doch der Kantor hielt sie fest:

»Der Schpieritata ... äh, des Schpieritatsmo ... dem

Schpienat! Auf unter neben ... schrumm regieren den Akkusativ ... widibumm!«

»Wir müssen weiter!« riefen die aufgekratzten Bengel.

»Wohin?«, fragte völlig verständnislos der Kantor.

Ohne Antwort zu geben, zog der Chor beschwingt weiter zum Schuhmacher Hellerbach, einem sehr frommen Mann, und seiner Familie.

Die Jungen warteten erst gar nicht auf ihren Dirigenten, sondern grölten aus vollem Halse: »Wenn hier soon Pott mit Bohnen steht und da soon Pott mit ...«

»Schluss! Schluss damit!« sagte Herr Hellerbach: »Wat von Weihnachten! Was von Jesus!«

Inzwischen nahte schwerfällig Herr Birnbaum und mischte sich erbost ein:

»Wat denn förn Schluss? Wat denn förn Jesus?«

»Es ist doch ... es ist doch Weihnachten, Herr ...«, erklärte der bescheidene Schuhmacher.

»Wat denn förn Weihnachten?«, unterbrach der Kantor: »Wenn Weihnachten is, bestimme immer noch ich, hee ... noch immer nich kapiert, wat? Hee!«

»Ja, aber, Herr Kantor ...«

»Nischt mit aber! Nischtewitz!« herrschte Birnbaum ihn an, nahm eine Schlackwurst vom Knüppel, biss kräftig hinein, um dann damit zu dirigieren, wobei er sang: »Wenn hier soon Pott mit Bohnen steiht ... und da ... Hollahihollaho ... Amsel, Drossel, Fink ... un so weiter ...«

Plötzlich drehte er sich zum entsetzten Kirchenältesten und Schuhmacher um, der als überzeugter Antialkoholiker nie ein geistiges Getränk anbot, dafür allerdings stets die doppelte Wurstration spendierte, und fuhr ihn an:

»Mein Schluck!«

Der Schuhmachermeister schloss flink seine Haustür, an die nun Birnbaum mit seiner angebissenen Schlackwurst schlug und fluchend seinen Schnaps verlangte.

«Heute ist wieder was los!« Die Jungen freuten sich durch alle Klassenstufen.

Kopfschüttelnd sah die Familie Kramer dem Treiben vom nächsten Haus aus zu. Vater Kramer schickte vorsichtshalber seine beiden kleinen Töchter ins Haus und fragte seine Gattin:

»Sollen wir dem wirklich noch einen einschenken? Der ist doch längst voll bis zum Eichstrich!«

»Gib ihm einen Schnaps«, sagte die lebenskluge Frau: »Und ab damit, los, los!«

Kantor Birnbaum sah unterdessen mit verschleiertem Blick die Eheleute Kramer an und begriff nicht, von wo sie eigentlich hergeweht waren.

»Ein gesundes Weihnachtsfest!« wünschte Herr Kramer.

»Schluss mit deinem ... Geschww ... Geschäwtzgeschwaffel! Ruhe im Puff! Und her mit meinem Schnnn ... Schnapel ... Schnaps nochmal!«

»Ein gesunder Kräuter!« sagte Frau Kramer freundlich.

»Her mit dem Jesöff! Ooo! Das frisst ja Löcher ... Löcher bis ins Hemede hinein ... wenn man mal eenen sausen ...«

»Ich muss doch sehr bitten, Herr Kantor!«, sagte Willi Kramer leicht beleidigt.

»Na bitte! Na behaltet euren ... Fusel ... Fuselino! Ein Lied zwo drei vier!«

Der Kantor dirigierte weiter mit seiner Schlackwurst und sang dröhnend:

»Alle Möpse bellen, alle Möpse bellen ...«

»Jedes Mal zu Weihnachten dasselbe!«, stöhnte Frau Kramer, zog schnell ihren amüsierten Gatten nach sich in den Hausflur, um die Tür fest zu verschließen.

»Jungs, weiter geht's!« befahl Kantor Birnbaum.

»Der Löbdergraben is alle!«

»Seit wann?« wollte der Lehrer wissen, aber eine einleuchtende Antwort hielt niemand bereit.

Als die Horde weiter stolperte, rief ein Junge: »Ich muss mal!«

Sofort die übrigen: »Ich auch! Mal pinkeln!«

»Jungs links!« entschied lallend der Chorleiter: »Ich auf de annern Seite!«

Mit einer Hand hielt er sich an einem Baum fest, um mit der anderen in gebotener Eile den rechten Weg ins Verborgene zu suchen. Da ihn dabei die Schlackwurst sehr hinderte, plumpste sie auf die Erde, was sofort einen Köter aktiv werden ließ.

Endlich rauschte es auf beiden Seiten.

Die Bengel grölten außer Rand und Band: »Am Weihnachtsbaume mit sein Gestirne, da hängt ein Kantor, der heißt Birne« ... Dann schwiegen sie aber alle ob ihrer mangelhaften Ehrerbietung.

Doch von der anderen Straßenseite erklang laut und einstimmig: »Wer hat ihn denn da hingehängt?«

Wer das Idyll sah, meinte: »Ja, so stimmungsvoll und froh fängt Weihnachten bei uns in Thüringen immer an!«

Doch dann kam endlich die besorgte Frau Kantor Birnbaum die Neugasse lang. Mit dem Handwagen! Morgen muss ja schließlich noch die Johannisstraße abgesungen werden, der Holzmarkt, der Leutragraben ... Und dies – alle Jahre wieder.

EIN UNGEWÖHNLICHER THÜRINGER ADVENTSKALENDER

Es geschah an einem 30. November in Ilmenau. Die altansässige Familie K. – Vater Manfred, seine Ehefrau Karin und Sohn Olaf – saß am Tisch, um das Abendessen einzunehmen. Als die Mutter mit dem Abräumen begann, wandte sich der Vater an den 17-jährigen Sohn:

»Wenn alles gut geht – und davon kann ich wohl ausgehen – wirst du im nächsten Jahr das Gymnasium mit dem Abitur in der Tasche verlassen. Und weil du danach ausgerechnet in Berlin studieren willst, wird unsere Familie dann nicht mehr die Vorweihnachtszeit über geschlossen zusammen sein. Da wollen wir unser Zusammensein in diesem Jahr nochmals richtig genießen, also die Adventszeit so interessant, behaglich und abwechslungsreich wie irgend möglich gestalten.«

»Hm«, brummte der Sohn, »und was bedeutet das genau?« »Also, wir werden zusammen ins Konzert gehen, auch ein Theaterbesuch steht an. Die Weihnachtsmärkte in Erfurt, Weimar und vielleicht auch Suhl sollten wir uns ansehen, zuhause mehr gute Musik hören als sonst, Mutter wird besonders lecker kochen. Ein wenig werden wir auch über einige besondere Tage der Vorweihnachtszeit reden. Ja, und dann habe ich speziell für dich eine Überraschung, nämlich einen Thüringer Adventskalender.«

»Was soll denn das sein, ein Thüringer Adventskalender? Für solchen Kleinkinderkram bin ich doch schon viel zu alt!«

»Warts ab«, war die Antwort, »lass dich ab Morgen überraschen.«

Als der 17-jährige Gymnasiast am Morgen des 1. Dezember seine Augen aufschlug, sah er an der Tür seines Zimmers einen Kalender hängen, der vom Äußeren her als gar nichts Besonderes erschien. Im Kopf stand in großen kunstvollen Lettern:

THÜRINGER ADVENTSKALENDER

Darunter war in kleinerer Schrift die Frage formuliert:

Was haben die Personen
mit unserem Thüringen zu tun?

Vier Fünftel der Fläche nahm eine Vielzahl von Fensterchen ein, die mit 1 bis 24 nummeriert waren.

Der junge Mann erkannte auf den ersten Blick, dass der Kalender selbst gebastelt war. Der Vater hatte die Schrift, die Zahlen und die Fensterrahmen wohl am Computer gefertigt, alles zusammengeklebt und über Nacht aufgehängt. Neugierig klappte der Gymnasiast das Fenster mit der Nummer 1 auf. Dahinter stand: JOHANN FRIEDRICH BÖTTGER.

Jedes Kind weiß doch, was der Erfinder des europäischen Porzellans mit Thüringen zu tun hat – er ist in Schleiz geboren!

Am Frühstückstisch blickte der Vater erwartungsvoll auf den Sohn: »Na und?«

»Porzellanerfinder, Schleiz. Ist doch klar«, nuschelte Olaf, ohne den Kalender bzw. die Kalenderidee näher zu kommentieren. Ihn drängte es, sich in das Lesen des Sportteils der Tageszeitung zu vertiefen.

»Moment noch«, sagte das unumstrittene Familienoberhaupt, »wir wollen erst noch darüber reden,

Johann Friedrich Böttger.

was die Adventszeit ist!« Und als der Sohn ein wenig genervt aufblickte, fuhr der Vater fort: »Wir, das heißt ich, mach's ganz kurz.«

Er erzählte dann, dass nicht nur der Weihnachtsfestkreis, sondern auch das Kirchenjahr mit der Adventszeit, mit den letzten vier Sonntagen vor Weihnachten beginnt. Mancherlei Symbolik gäbe es in diesen Wochen – darüber würden sie während der nächsten Tage noch miteinander plaudern – aber natürlich ginge es in der gegenwärtigen Zeit den Menschen vor allem darum, die Vorfreude auf das Fest zu steigern.

»Übrigens«, schloss der Vater seine Erläuterungen ab und deutete auf den Adventskranz, »ein solches Gebilde aufzustellen oder aufzuhängen, ist keine alte Tradition. Der Brauch kam um das Jahr 1860 herum auf. Es dauerte dann noch bis in die Zeit nach dem ersten Weltkrieg, dass der Adventskranz in größerem Umfang in die Wohnstuben der Thüringer Einzug hielt.«

Am nächsten Tag, am 2. Dezember, lautete die Aufschrift hinter dem Fensterchen: ALFRED BREHM. Mein Gott, dachte Olaf, Brehms Tierleben kennt doch, wie gestern schon den Namen Böttger, auch jeder, und dass der Zoologe ein Thüringer war, lernt doch heutzutage bei uns jedes Kind in der Schule.

Beim Frühstück gab es zunächst wieder die väterliche Frage, was der Sohn heute als Antwort geben könne? Da sich der junge Mann auch noch an Brehms Geburtsort Renthendorf erinnert, ist seine Antwort sehr selbstbewusst. Danach kann er sich aber die Bemerkung nicht verkneifen, dass der Kalender doch für ihn viel zu leicht ist.

Er solle abwarten, es werde von Tag zu Tag schwieriger, antwortete der Vater. Er möge sich vorsorglich schon mal das große Lexikon zum Nachschlagen bereitlegen.

Vom 3. Dezember bis zum Nikolaustag zeigten sich in den Fensterchen Namen, die der Gymnasiast dem Land Thüringen zuordnen konnte, ohne nach dem Lexikon greifen zu müssen:

OTTO SCHOTT, der die richtige Rohstoffmischung für feuerfestes Glas entdeckte, WALTER GROPIUS, der nach dem Ende des ersten Weltkriegs in Weimar mit dem »Bauhaus« die erste Heimstatt des Funktionalismus in der Kunst gründete und der Arzt CHRISTOPH WILHELM HUFELAND aus Langensalza mit seinem zur Goethezeit sehr populären Werk »Makrobiotik – oder die Kunst, sein Leben zu verlängern«.

Als Olaf seinem Vater das Wissen über Gropius kundtat und meinte, damit sei für heute genug beredet, stellte der noch eine Frage:

»Weißt du auch, dass der 4. Dezember in der Sym-

Otto Schott.

Christoph Wilhelm Hufeland.

bolik des Christentums ein besonderer Tag ist?« Und dann zeigte er auf eine Vase mit Kirschzweigen, die im Fenster stand.

Olaf zuckte die Schultern und sah Vater Manfred fragend an.

»Heute ist der Tag der Heiligen Barbara. Man sagt, die junge Frau hätte einen heidnischen Vater gehabt, der ihr die Teilnahme am christlichen Gottesdienst verwehrt habe. Sie sei aber so gottesfürchtig gewesen, dass ihre Gebete jene Mauern einstürzen ließen, die sie vom Besuch des Gottesdienstes abhalten sollten. Vor Zorn soll sie auf Geheiß ihres Vaters 306 nach Christi Geburt enthauptet worden sein. Barbara gilt übrigens als die Schutzheilige der Bergleute, Feuerwehrmänner und auch der Bauleute.«

»Ja, und was hat das mit den Zweigen und der Vase zu tun?«, fragte Olaf.

»Das sind die Barbarazweige, die man am 4. Dezember in die warme Wohnung holt. Wenn man sie dann in ein Behältnis mit Wasser stellt, blühen sie meist bis Weihnachten auf. Mutter holt dafür immer Kirschzweige aus dem Garten, aber es geht auch mit anderen Zweigen, zum Beispiel mit Forsythie oder Flieder.«

Es kam der Nikolaustag. Den im Adventskalender ausgewiesenen Namen FRIEDRICH FRÖBEL versah der junge Bursche zwar mit der Erklärung »berühmter Thüringer Lehrer«, allerdings hakte der Vater noch ein wenig nach. Er habe bewusst den Fröbel auf jenen Tag gelegt, an dem vor allem die Kinder die Nikolausstiefel herausstellen. Aber nicht allein deswegen, weil der Thüringer ein Pädagoge gewesen sei. Warum wohl noch?

Der Gymnasiast musste passen. Nun erzählte ihm der Vater, der 1782 in Oberweißbach geborene Fröbel habe 1840 in Blankenburg einen Kindergarten gegründet. Und als der Sohn diese Tat als nichts Besonderes abqualifizieren wollte, fügte sein Vater hinzu: »Den ersten Kindergarten in der Welt überhaupt!«

Friedrich Fröbel.

Jetzt wolle er aber noch einiges zum Thema Nikolaus sagen. Mit dieser Bemerkung wurde Olaf zwar wieder einmal vom Zeitungslesen abgehalten, aber inzwischen freute er sich auch darauf, in den »Adventszeitgesprächen« mit Vater Manfred Interessantes zu erfahren.

»Also«, begann Manfred, »Nikolaus ist der Name eines mildtätigen Bischofs, der am 6. Dezember 343 nach Christi Geburt gestorben sein soll. Die Einwohner der heute in der Türkei liegenden Stadt Myra hat er angeblich vor dem Verhungern gerettet. Schon bald nach seinem Tod verehrten ihn die Gläubigen in seiner Region als Heiligen. Ungefähr ab dem 10. Jahrhundert kursieren die Geschichten vom mildtätigen Nikolaus auch im Thüringer Raum und es entwickelte sich der Brauch, in der Nacht zu seinem Geburtstag die braven Kinder zu besuchen und zu belohnen. Bis etwa zum 16. Jahrhundert gab es noch nicht das Christkind oder den Weihnachtsmann als Gabenbringer, sondern lediglich den spendablen Nikolaus in der Nacht zum 6. Dezember.«

Am Morgen des 7. Dezember musste der junge Mann erstmals das Lexikon bemühen. Mit HERZOG GEORG II. VON SACHSEN-MEININGEN wusste er nicht so recht etwas anzufangen. Verwunderlich war das nicht, denn im alten Thüringen gab es ungewöhnlich viele Herzöge. Das sei im 19. Jahrhundert der so genannte Theaterherzog gewesen, erfuhr er; ein Herrscher, der speziell dem Meininger Theater gegenüber nicht nur als Mäzen auftrat, sondern sich auch als Regisseur und Intendant einbrachte und sich sogar beim Anfertigen von Bühnendekorationen versuchte. »Ein guter Grund, vielleicht noch vor Weihnachten nach Meiningen ins Theater zu fah-

Herzog Georg II. von Sachsen-Meiningen.

ren!« war der Kommentar am morgendlichen Frühstückstisch.

Tags darauf stand noch einmal der Name eines Adligen im Kalender: HEINRICH DER JÜNGERE REUSS. Der Gymnasiast hatte nicht die geringste Ahnung, was der genannte Heinrich mit Thüringen zu tun hatte. Da es heute mit dem Aufstehen etwas später geworden war, drängte die Zeit, pünktlich zum Frühstück zu erscheinen; Gelegenheit, das Lexikon zu konsultieren, bestand also nicht mehr. Und natürlich fragte auch heute der Vater nach dem Kalendernamen. Als sein Filius wortlos mit den Achseln zuckte, dozierte der Vater:

»Heinrich, der Jüngere Reuß, Herr von Plauen, Posthumus, Herr zu Greiz, Kranichfelde, Gera, Schleiz und Lobenstein, wirkte im 16. Jahrhundert in Gera. Sein Verdienst ist es, die thüringische Wollfabrikation ins Leben gerufen zu haben.«

»Und was bedeutet das merkwürdige Wort Posthumus?«, fragte Olaf.

»Man kann es mit ›der Nachgeborene‹ übersetzen. Als Heinrich auf die Welt kam, war sein Vater schon verstorben.«

Der 9. Dezember bescherte einen Namen, mit dem der junge Mann erstaunlicherweise etwas anfangen konnte: EUGENIE MARLITT. Eine seiner Klassenkameradinnen hatte mal ein im Antiquariat erworbenes und schon arg zerlesenes Buch der in Arnstadt geborenen Schriftstellerin mit in die Schule gebracht. Sie wusste zu berichten, dass die Marlitt zu ihrer Zeit (1825 – 1887) die auflagenstärkste Autorin von Trivialliteratur war. Er hatte damals den Liebesroman gelesen und sich den Namen der Verfasserin fest eingeprägt. Das geschah mit der Absicht, andere »cool« davor zu warnen, für die von der Marlitt geschriebenen Liebesgeschichten Geld auszugeben.

Dennoch, auch wenn es mit der Zuordnung des Namens auf Anhieb, also ohne lexikalische Recherchen geklappt hatte, musste der Bursche seinem Vater Recht geben – der Kalender wurde wie angekündigt wirklich immer schwieriger. Fünf Tage lang tauchten Namen auf, die der junge Mann noch nie

Eugenie John, alias Marlitt.

gehört hatte, geschweige denn wusste, was sie mit Thüringen zu tun haben:

JOHANN-CARL FUHLROTT, der in Leinefelde geborene Entdecker des Neandertalers (1804).

LOUIS SPOHR, der als Hofkapellmeister in Gotha 1805 die ersten öffentlichen Anrechtskonzerte einführte.

HEINRICH VON COTTA. Als »Vater der Forstwissenschaften« gründete er 1786 in seinem Geburtsort Zillbach eine Forstlehranstalt, die als erste wissenschaftlich fundierte Einrichtung dieser Art überhaupt gilt.

ERNST GEBHARD ANSCHÜTZ, ein 1780 geborener Thüringer Pastor, der die weithin bekannten Volkslieder »Es klappert die Mühle am rauschenden Bach« und »Fuchs, du hast die Gans gestohlen« erdachte.

NIKOLAUS DREYSE, der 1827 in Sömmerda das Zündnadelgewehr erfand.

Als Olaf schon die Hoffnung aufgegeben hatte, in den noch verbliebenen Fensterchen auf einen ihm geläufigen Namen zu stoßen, gab es am 14. Dezember wieder Auftrieb. CHRISTIAN REICHART war ein Name, der sich für ihn mit einer Klassenfahrt nach Erfurt verband. Damals hatten sie mit ihrer Biologielehrerin eine Gartenbauausstellung besucht und waren dabei auf den Namen jenes Mannes aufmerksam gemacht worden, der im 18. Jahrhundert dem Gartenbau enorme Impulse gab. Reicharts 1753 in Erfurt erschienenes Buch *»Von allerhand Samen-Werk, worin die zum Garten- und Ackerbau in Ansetzung der Sämereyen gehörige Vortheile nebst Beschreibung eines Samen-Cabinets und nöthigen Kupfern mitgetheilet werden«* brachte der Blumenstadt reichen Segen. Beispielsweise wäre der

Mainzer Kurfürst Johann Friedrich, der über Erfurt herrschte, von dem Werk so angetan gewesen, dass er der Universität einen botanischen Garten geschenkt habe. Diese Information hatten sich die Schüler in ihre Hefte notiert – und jetzt leistete das Heft gute Dienste. Mit nicht geringem Stolz erzählte der Junge davon am Frühstückstisch und freute sich, dass nicht einmal Vater Manfred von der damaligen, durch Reicharts Buch ausgelösten Schenkung etwas wusste.

Auch der 15. Dezember war ermutigend. KARL FRIEDRICH LOUIS DOBERMANN stand geschrieben. Dass der Filius damit etwas anfangen konnte, ging auf ein zufälliges Gespräch während der letzten Tage am Gymnasium zurück. Auf dem Schulhof spielte das Thema »Weihnachtsgeschenke« eine Rolle. Einer in der Klasse – ein Hundefreak – tat kund, dieses Jahr auch für seinen Dobermann etwas unter den Weihnachtsbaum legen zu wollen: »Was Außergewöhnliches zum Fressen!«

Ein Mädchen kicherte: »Heißt dein Hund wirklich Dobermann?«

Der Hundebesitzer klärte auf, dass es sich um eine Rassebezeichnung handle, die aber immerhin auf den Familiennamen eines Thüringers zurückgehe. Karl Friedrich Louis Dobermann habe im 19. Jahrhundert in Niederroßla bei Apolda als Hundefänger gearbeitet und nebenbei Hunde gezüchtet. Welche Tiere er miteinander kreuzte, aus denen dann der Dobermann entstand, wäre sein Geheimnis geblieben; Fachleute vermuteten, es könnten ein Schäferhund und ein Pinscher gewesen sein. Wie dem auch sei, schloss der Schüler sein aufklärendes Gespräch ab, die kluge, scharfe und treue Rasse der Dobermänner hat die Welt einem Thüringer zu verdanken!

Zu den Namen am 16., 17. und 18. Dezember musste der Sohn wieder passen. Der Vater hatte Personen aus Thüringen gefunden, die zwar Bedeutendes geleistet hatten, aber die im häuslichen Lexikon nicht enthalten waren. JULIUS VON PLÄNCKNER, ein Offizier aus Gotha, gilt als der erste Mensch, der den 168 Kilometer langen Rennsteig begangen hat. Man schrieb das Jahr 1830, und Plänckner absolvierte die Wanderung des reinen Vergnügens wegen.

Am darauf folgenden Tag stand hinter dem Adventskalenderfenster der Name FRIEDRICH CHRISTIAN BUSCHMANN. Der habe, erklärte der Vater, anno 1821 in Friedrichroda die Mundharmonika erfunden. Buschmann bezeichnete sein Instrument »Mund-Äoline« oder auch »Aura«; erst im 20. Jahrhundert sei der Begriff Mundharmonika aufgekommen.

Der 18. Dezember brachte den Namen WILHELM ARNOLDI mit sich. Inzwischen staunte der Sohn schon längst, was sein alter Herr alles an bedeutenden Thüringern für den ganz persönlichen Adventskalender aufgestöbert hatte. Es mache auch Spaß, auf diese Art sein Wissen zu erweitern, gestand er nun dem Vater. Vielleicht hätte er sonst nie erfahren, dass in Thüringen erstmalig in Deutschland eine Einrichtung gegründet wurde, ohne die heute die meisten Menschen nicht auskommen, nämlich eine Versicherungsgesellschaft. Wilhelm Arnoldi schuf 1821 in Gotha eine Feuerversicherung, sechs Jahre später eine Lebensversicherungsbank.

MILOS BARUS, dessen Name am 19. Dezember auftauchte, kannte er natürlich. Im Kreis der Schulkameraden waren die Taten des viele Jahre im Eisen-

Milos Barus.

berger Mühltal ansässigen Burschen oft erörtert worden. Der 1977 Verstorbene galt als der stärkste Mann der Welt; fünfmal wurde Barus Weltmeister im Kraftsport. »Wir zählen Barus, der eigentlich Emil Bahr hieß, zu den berühmten Persönlichkeiten im Saale-Holzland-Kreis. Aber geboren ist er in Tschechien und verstorben in Oberbayern«, kommentierte der Vater am Frühstückstisch.

Auch hinter dem Fensterchen zum 20. Dezember stand ein Name, der dem Gymnasiasten geläufig war: WALTER VON BAUERSFELD. Seine Schulklasse hatte vor einiger Zeit das Planetarium in Jena besucht. Da ist der Name des Ingenieurs genannt worden, der 1923 auf dem Fabrikdach von Carl Zeiss das weltweit erste Planetarium errichtet hatte. Drei Jahre später ist dann die heutige berühmte Einrichtung in Jena geschaffen worden.

Die drei Tage vor dem Heiligen Abend bringen dem Schüler leider keine Erfolgserlebnisse mehr. Dass er die am 21. Dezember wiedergegebenen AUGUST HEISSNER und PHILIPP GRIEBEL Thüringen nicht zuordnen kann, ist zu verkraften – die Herren haben 1880 in Gräfenroda die ersten Gartenzwerge erdacht und geformt.

HUGO KIRCHBERG aus Eisenach ist der Tesafilm zu verdanken, erzählte der Vater dem Sohn. Die Bezeichnung Tesafilm habe Kirchberg übrigens 1937 aus dem Namen seiner Sekretärin Elsa Tesmer gebildet.

Das vorletzte Fensterchen des Adventskalenders zeigt LUDWIG MÜLLER-URI an. »Nun ja«, sucht Olaf nach einer Entschuldigung, »ich war noch nicht im Glaskunstmuseum in Lauscha.« In Lauscha hat 1835 Ludwig Müller-Uri die Glasaugen erfunden und so täuschend echt geblasen, dass die Prothesen als solche nur schwer zu erkennen sind.

Am Morgen des Weihnachtsabends wird der Sohn von der durch die Wohnung flutenden Musik geweckt. Klar, das ist Bach, der Eingangschor aus der ersten Kantate des Weihnachtsoratoriums, stellt der musikbegeisterte Gymnasiast fest. Er schmunzelt, als hinter dem Fenster zum 24. Dezember JOHANN SEBASTIAN BACH auftaucht. Auch wenn der große Komponist von den Sachsen, insbesondere von den Leipzigern, reklamiert wird, ist er doch ein Thüringer: In Eisenach geboren, erster Musikunterricht in Ohrdruf, Organist in Arnstadt und Weimar – der Vater wird doch wohl nicht allen Ernstes fragen wollen, was Bach mit Thüringen zu tun hat?

Nein, das macht er natürlich nicht. Er gibt seinem Sohn eine Kassette mit dem Weihnachtsoratorium: »Du hast mehr gewusst als ich dachte; gern gebe ich

Dir schon vor der Bescherung am Abend dieses Geschenk!«

»Danke, Vater, für die Idee mit dem Kalender. Eine Bitte habe ich: Die Sache war so spannend, dass ich mir die Fortsetzung im nächsten Dezember wünsche!«

»Gern. Und soll ich dir, wenn wir nach dem Frühstück den Weihnachtsbaum schmücken, noch ein wenig davon erzählen?«

»Nee, Vater«, antwortet Olaf. »Ehrlich gesagt, kann ich nicht mitmachen. Ich muss dann gleich los, um noch Weihnachtsgeschenke einzukaufen. Erzähl doch gleich!«

»Also, dann hebe ich mir das für den Abend auf. Nach der Bescherung berichte ich Mutter und dir etwas ausführlicher, was ich vom Weihnachtsbaum und den Thüringern weiß.«

»Der Christbaum hat eine lange Entwicklungsgeschichte«, begann Manfred K. seinen Bericht. »Wann genau es damit begann, lässt sich mit Sicherheit nicht sagen. Schon die alten Römer haben um die Zeit des Jahreswechsels Lorbeerzweige in ihren Häusern aufgestellt. Wohl auch, weil immergrüne Pflanzen Lebenskraft verkünden, die man sich damit in den Wohnbereich holte. Während des Mittelalters wurden in Kirchen Paradiesspiele aufgeführt. Dabei behängte man einen Paradiesbaum mit Äpfeln und erinnerte damit an den Sündenfall im Paradies. Äpfel gehörten dann auch zum Schmuck der ersten Weihnachtsbäume.«

Der Vater goss sich einen Tee ein und setzte dann fort:

»Aus einem Nachschlagewerk habe ich erfahren, dass der Christbaum erstmals im Jahre 1419 urkundlich ist, und zwar in einer Akte der Freiburger Bäckerzunft. 1539 – also erst 120 Jahre später – gibt es die nächste Erwähnung: Im Münster zu Straßburg wurde ein Weihnachtsbaum aufgestellt.

Ab dem 18. Jahrhundert fließen dann die Nachrichten von Weihnachtsbäumen immer häufiger, auch in literarischen Werken. Zum Beispiel berichtet Goethe 1774 in den »Leiden des jungen Werther« von einem aufgeputzten Baum mit Wachslichtern, Zuckerwerk und Äpfeln. Zu Goethes Zeit waren übrigens die Tannenbäume in Mitteleuropa noch selten. Deshalb konnten sich nur Reiche einen solchen Baum zu Weihnachten leisten. Das änderte sich erst ab der zweiten Hälfte des 19. Jahrhunderts, als man vermehrt Tannen- und Fichtenwälder anlegte. In den mehr katholischen Gegenden war der Weihnachtsbaum noch lange Zeit verpönt; man stellte mehr die Krippen als weihnachtliches Symbol auf. Das änderte sich erst deutlich gegen Ende des 19. Jahrhunderts.

Ja, das war es, was ich euch erzählen wollte.«

»Moment, Vater! Was hat denn nun der Weihnachtsbaum mit Thüringen zu tun?«, fragte Olaf. Haben wir Thüringer vielleicht das Lametta erfunden?«

»Ach ja – das hätte ich fast vergessen! Was wäre ein Tannenbaum ohne Schmuck, ohne Christbaumschmuck? Das Lametta haben wir Thüringer leider nicht entdeckt. Es stammt aus Bayern, aus Nürnberg, um genau zu sein. Aber das man den Baum mit wunderbaren Gebilden aus Glas versehen kann, verdankt die Welt vor allem unseren Landsleuten. Der Hindergrund ist folgender:

Johann Christian Simon Carl – von den Thüringern liebevoll »Alts Vetterle« genannt – erfand um 1848 den Glasbläsertisch mit der die Hitze spendenden »Lampe« und einem Blasebalg, der mit dem Fuß bedient wurde. Die bis dahin von der Öllampe erzeugte Temperatur ließ nur die Herstellung recht kleiner und dazu dickwandiger Kugeln zu, die seit ungefähr 1830 produziert wurden. Mit dem Blasebalg unseres Alts Vetterle konnten höhere Temperaturen erreicht werden, so dass größere und dünnwandigere Kugeln gefertigt werden konnten. Zum Innbegriff des Christbaumschmucks entwickelte sich Lauscha mit der Errichtung einer Gasanstalt im Jahr 1867, weil nun recht elegant wesentlich größere Hitze als bisher erzielt werden konnte. Damit war ein grundlegendes technisches Problem gelöst. Nun musste noch der entscheidende wirtschaftliche Durchbruch kommen. Der stellte sich ein, als »mancherlei neumodisches Zeug« aus den Lauschaer Glasbläserwerkstätten von den Amerikanern geordert wurde – neben den Weihnachtskugeln gingen gläserne Äpfel, Zitronen, Karotten, Pilze usw. von Thüringen aus hinaus in die »neue Welt«. Aber natürlich fand der Baumschmuck auch in Deutschland stetig zunehmend großen Gefallen. Der preußische König Wilhelm I. kümmerte sich persönlich um die Einführung der Lauschaer Erzeugnisse an seinem Hof. Weihnachten 1871 – während des Krieges zwischen Deutschland und Frankreich – ordnete er sogar an, in allen Lazaretten und Feldunterkünften Fichten aufzustellen, die mit Christbaumschmuck aus Lauscha zu versehen sind.

So, das war's. Da wir einmal bei berühmten Thüringer Erzeugnissen sind, die Weihnachten nicht fehlen dürfen, müsste ich euch eigentlich von Spielzeug aus Sonneberg erzählen. Aber darüber plaudere ich zum nächsten Weihnachtsfest«, beendete der Vater seinen kleinen Vortrag.

OH DU SELIGE VOR-WEIHNACHTSZEIT

Das zweite Wochenende im Oktober steht bevor. Schon seit langem hatte es einen so schönen Herbst wie in diesem Jahr nicht gegeben. Wenn es der Kalender nicht anders ausgewiesen hätte, müsste man meinen, noch mitten im Sommer zu sein. Rico ist für den späteren Freitagnachmittag mit Mandy verabredet. Etwas besonders Schönes würde er heute seiner Freundin erzählen und bieten können. Am Vormittag hatte er in dem viel gelobten Erfurter Autohaus Glinicke einen Gebrauchtwagen gekauft. Passend zum Wetter ein Cabrio, genauer gesagt einen Audi TT, gesponsert von seinem Großvater. Von dem für ihn sehr vorteilhaften Preis, von der enormen Freundlichkeit und dem großzügigen Service während der Übergabe wollte er nun Mandy berichten und dann mit ihr eine Spritztour unternehmen.

Treffpunkt ist ein Eiskaffee in Erfurt, unweit vom Anger gelegen. Mandy ist Verkäuferin in einem großen Kaufhaus, KANNSTEDT mit Namen. Bei diesen warmen Temperaturen freut sie sich darauf, nach Schichtende mit ihrem Freund Rico einen Eisbecher genießen zu können und anschließend noch ein wenig durch die Geschäfte der Innenstadt zu bummeln. Und ihr Freund ist besonders guter Stimmung. Der Journalistik-Student hat noch Semesterferien, die er mangels finanzieller Masse und natürlich wegen Mandy zuhause in Erfurt verbringt. Prima das Wetter, da kann er wohl sogar noch ins Freibad gehen.

Rico schaut auf die Uhr. Es geht auf 16.30 Uhr, noch mitteleuropäische Sommerzeit. Kurz nach vier Uhr wollte Mandy da sein, und jetzt die Verspätung. Rico überlegt, ob er vielleicht doch einmal vor Ort, in der Schmuckabteilung von KANNSTEDT, nachschauen sollte, was los ist. Da klingelt das Handy, Mandy ist dran:

»Hi, Rico, tut mir leid, ich kann nicht. Der Boss hat noch für heute Weihnachtsdeko angeordnet.«

»Hi, Mandy, willst du mich auf den Arm nehmen? Weihnachtsdekoration im Sommer?«

»Wenn du mir nicht glauben willst, komm her und guck dir das an!«

In wenigen Minuten steht der Student vor dem großen Kaufhaus. Rico nimmt verblüfft zur Kenntnis, dass Handwerker dabei sind, über dem großen Haupteingang eine riesige silberfarbene Glocke und Tannengrün anzubringen. Als er den Blick wendet und sich ungläubig die Augen reiben will, sieht er gegenüber in der Filiale von MINI hektische Betriebsamkeit. Auch hier ist ein Fahrzeug mit Tannengrün vorgefahren; weiß bekittelte Verkäuferinnen schicken sich an, die Zweige in den Verkaufsraum zu tragen.

Der Journalistik-Student begreift, dass sich eine Art weihnachtlicher Bazillus breit zu machen scheint – und das fast noch in der Sommerzeit – und beschließt spontan, die weitere Entwicklung mittels Beobachten und Befragen zu dokumentieren.

Im Folgenden seine Notizen:

Freitag, 17.33 Uhr:
Der Filialleiter einer bekannten Drogeriekette verfügt, sofort zwischen die Hygieneartikel für den In-

timbereich Spekulatius und zu den Kondomen rote Kerzen zu legen. Azubi Susan erhält den Befehl, schleunigst die Bestellung von drei Paletten Weihnachtskalendern für Hunde und analog fünf Paletten für Katzen vorzubereiten. Susan mault, sie wäre erst im zweiten Ausbildungsjahr und weiß nicht, wie das geht. Der Filialleiter droht: »Wir sprechen uns nach dem Fest!«

Freitag, 18.20 Uhr:
Hektische interne Durchsage bei ARMI: »Morgen sind alle zwei Stunden früher da! Ab sofort Urlaubssperre!« Ansonsten scheint heute nichts an noch Notierenswertem zu passieren.

Sonnabend, 7.30 Uhr:
Wild mit den Armen fuchtelnd steht ARMI-Geschäftsführer Klaus K. vor dem Personaleingang. Er dirigiert alle Ankommenden in den Hofbereich. Dort steht ein Sattelschlepper voller rot eingewickelter Schokoladenweihnachtsmänner. Die müssen sofort ins Kühle gebracht werden, bevor sie in der aufkommenden Sonne verlaufen. »Wenn der Platz knapp wird, dann ein paar Kartons in die Kühltruhe für Fische. Bei der Gelegenheit prüfen, ob Weihnachtskarpfen vorrätig sind!«

Sonnabend, gegen 8.30 Uhr:
Die Freitagsaktivitäten von KANNSTEDT und MINI und die heutige Weihnachtsmannaktion von ARMI zeigen umfassende Wirkung – drei weitere Einrichtungen verkünden Urlaubssperre und veranlassen die Überprüfung krankgeschriebener Mitarbeiterinnen und Mitarbeiter.

Sonnabend, 9.12 Uhr:
Anruf von der Zentrale bei ZIPPEL-Geschäftsführer Hugo R. Er soll berichten, wie er auf die vorweihnachtlichen Maßnahmen der Erfurter Konkurrenz reagiert. R. nennt, vor Aufregung stotternd, Marzipankartoffeln, die im Gemüseregal gestreut sind und erwähnt die aus dem Bestand des Vorjahres reaktivierten Lebkuchen, die er in die Abteilung Trockennahrung bugsieren ließ. Schwerer Rüffel daraufhin: Zu den Lebkuchen sofort Werbetafel fertigen und anbringen lassen »Frisch aus Pulsnitz eingetroffen!«

Sonnabend, 9.58 Uhr:
MINUS-Markt-Boss Gerald F. packt persönlich mit an, um die Käsetheke mit Lametta und Tannengrün zu präparieren. Verkäuferin Gerda M. weist darauf hin, dass die Tannenzweige harzen. R. befiehlt, das Grün zum Harzer Käse zu räumen und im übrigen Käsesortiment statt der Tanne Weihnachtskugeln zu platzieren.

Sonnabend, 10.32 Uhr:
Bevollmächtigte von DEKERA und GEIZ suchen alle konkurrierenden Geschäfte auf und fordern Solidarität ein. Wegen momentanen Lieferengpässen könne man nicht wirksam werden; ein Weihnachtsstillstandsabkommen bis Montag, 7.00 Uhr, sei vonnöten. Solidarische Ablehnung!

Sonnabend, zwischen 11.35 Uhr und 13.22 Uhr:
Eine Vielzahl von Geschäftsführern nutzt die Mittagspause, um Verkäuferinnen und Verkäufer auf Weihnachten einzuschwören. Energische Maßnahmen werden für Montag früh angekündigt.

Sonnabend, 13.30 Uhr:
Auf dem Erfurter Hauptbahnhof treffen Fans und Hooligans ein, um beim Fußballspiel des FC Rot-Weiß Erfurt zu weilen und aktiv zu werden. MERIA-MARKT stattet sie mit roten Weihnachtsmannmützen aus, die mit der Aufschrift »Weihnachten ist geil« versehen sind.

Montag, 7.00 Uhr:
Bei BRUTTO trifft ein Tiertransport aus dem Erfurter Zoo ein, Ladegut drei Esel und ein Ochse. Die Esel werden mit Lametta geschmückt und im Eingangsbereich platziert. Der Ochse soll stundenweise als Heiliges Kalb in einem der Schaufenster auftreten, verweigert aber seine Dienste bzw. setzt unentwegt Produkte seiner Verdauung auf die liebevoll aufgestellten Weihnachtskerzen. BRUTTO-Geschäftsführer Ernst K. erkennt den Ernst der Lage, bricht die Aktion ab und kündigt neue Überlegungen an.

Montag, 7.05 Uhr:
Nebel in der Stadt. Zahlreiche Erfurter Kaufhäuser erstrahlen im Schein abertausender Glühbirnen. Bei der Flugsicherung auf dem Flughafen melden sich irritierte, im Anflug befindende Piloten, weil sie unter dem Nebel eine Brandkatastrophe vermuten.

Montag, zwischen 7.10 Uhr und 9.20 Uhr:
Drei mit Tannenbäumen voll beladene Sattelschlepper mit Anhängern treffen aus der Gegend um Oberhof ein und blockieren den innerstädtischen Verkehr. Am zügigsten geht das Entladen bei KANNSTEDT, weil noch am Sonnabend Ein-Euro-Jobber für die Tätigkeit geordert werden konnten.

Leider werden so viele Bäume aufgestellt, dass sich die Kundschaft verirrt, die Zentralkasse nicht findet und teilweise ohne Bezahlung verschwindet. Daraufhin Anfrage an das Hauptmanagement: Bäume reduzieren oder mehr Detektive einsetzen? Entscheidung: Weder noch, sondern zusätzliche Kassen an die Ausgänge stellen und auch hier beim Abgang »Frohes Fest« wünschen.

Montag, 10.10 Uhr:
BRUTTO-Geschäftsführer Ernst K. erläutert dem Marketingleiter seine neue Idee – die Aufführung der biblischen Weihnachtsgeschichte im Schaufenster, Ton nach außen über Lautsprecher: »Also die drei Weisen aus dem Morgenland – Melchior, Balthasar und Kaspar – die einen hellen Stern am Himmel sehen und sich vom Osten aus auf den Weg nach Bethlehem machen. Sie finden das von der Madonna Maria geborene Kind in einer bescheidenen Herberge und beschenken es mit Gold, Weihrauch und Myrrhe.«

Marketingleiter Enrico R. ordert umgehend Requisiten und Schauspieler. Probleme zunächst mit der Madonna, die laut Ernst K. »ruhig ein wenig sexy« sein kann.

Montag, 11.05 Uhr:
Eine Schneekanone aus Oberwiesenthal trifft bei MONSUM ein und bläst Kunstschnee in drei der vier umdekorierten Schaufenster; das vierte wird in Reserve gehalten, um auf Aktionen der Konkurrenz reagieren zu können. KANNSTEDT schaufelt Kunstschnee in die Schaufenster.

Montag, 12.00 Uhr:
ZIPPEL-Geschäftsführer Hugo R. kommt zornesrot von einem Erkundungsrundgang quer durch die Innenstadt zurück. Aufgebrachte Forderung an die Abteilungsleiter nach brutalst möglicher Aufklärung zur Bedeutung von Weihnachten bei den Untergebenen, und dann: »Weihnachten bis zum Äußersten«.

Montag, ebenfalls 12.00 Uhr:
DEKERA-Boss Erwin M. ordnet den ununterbrochenen Einsatz der von der Konkurrenz gefürchteten CD: »Weihnachten mit Heino im Thüringer Land« über Decken- und Außenlautsprecher an.

Montag, 14.00 Uhr:
Bei HIPP trifft per Paketkurier – unmittelbar vom Erfurter Flughafen – eine größere Sendung ein. Inhalt: Erzgebirgische weihnachtliche Holzfiguren aus Taiwan. Das Management ordnet an, unmittelbar in Kassennähe damit ein Sonderregal zu bestücken. Werbemotto: RÄUCHERMANNL UND WEIHNACHTSENGEL AUS DEM ERZGEBIRGE.

Montag, 17.00 Uhr
Bei BRUTTO ist die Weihnachtsgeschichte bis zur völligen Erschöpfung der Mitwirkenden aufgeführt worden. Das Publikumsinteresse ist zufriedenstellend, viele junge Leute verharren verwundert.

Der Journalistik-Student Rico nimmt sich vor, einen Teil des Publikums zu befragen, was sie von der biblischen Weihnachtsgeschichte wissen. Die Antworten:

– 23 Prozent sagten, die Geschichte spiele doch in einem miesen Hotel mit nur einem Stern.

- 32 Prozent meinten, da ginge es irgendwie um ein Baby von der Popröhre Madonna.
- 44 Prozent erklärten, da kämen drei Ossis, drei Kasper aus dem Osten. Einer wäre goldig, einer beweihräuchert sich und einer guckt mürrisch.

Rico unterbricht daraufhin seine Beobachtungen und Notizen und beschließt, lediglich noch die Ereignisse des nächsten Tages festzuhalten.

Dienstag, 8.30 Uhr:
Einige Anwohner rund um den Anger versuchen mittels eines Bürgerbegehrens, die weihnachtlichen Offensiven des Handels zu stoppen. Die Aktion wird abgebrochen, als die städtische Verwaltung mitteilt, die Bearbeitungszeiten für solcherart Anträge (12-fach einzureichen) lägen bei acht bis zehn Wochen. Über die Höhe der Bearbeitungsgebühr werde in Abhängigkeit von der Bearbeitungsdauer und dem Papieraufwand entschieden.

Dienstag, 9.45 Uhr:
Genereller Eindruck, dass das Marketing-Power aggressiver wird. So soll ein ZIPPEL-Sattelschlepper voller Lebkuchen einen frühzeitig aus dem Eichsfeld eingetroffenen Chor der Heilsarmee bewusst gerammt haben, als dieser dabei war, vor DEKERA das Lied »Vom Himmel hoch, da komm ich her« zu intonieren.

Dienstag, 10.17 Uhr:
ZIPPEL dementiert in aller Schärfe. Das Fahrzeug habe nicht Lebkuchen, sondern CD-Scheiben mit weihnachtlichem Liedgut aus dem amerikanischen Kulturkreis transportiert.

Dienstag, 11.00 Uhr:
Nach von der Zentrale scharf gerügtem Zögern greift jetzt auch A & C in das Geschehen ein. Mit drei Dutzend Scheinwerfern aus dem Bestand einer ehemaligen Fliegerabwehrstaffel der Nationalen Volksarmee der DDR versuchen aus Ilmenau antransportierte Studenten der Elektrotechnik, einen Lichtdom am Himmel aufzubauen und in dessen Zentrum den Stern von Bethlehem nachzuzeichnen.

Daraufhin in Teilen der Innenstadt wegen Überlastung Stromausfall.

Dienstag, 10.37 Uhr:
Auf dem Polizeirevier in der Krämpfer Vorstadt wird der Vorruheständler Franz F. mit seiner fülligen Frau Gemahlin vorstellig. Er gibt zu Protokoll, gegen 9.00 Uhr bei BRUTTO zum Trinken von extra süßem Glühwein gezwungen worden zu sein, ohne auf seine schwere Diabetes Rücksicht zu nehmen. Die Beamten gehen zunächst davon aus, dass mit Diabetes die Frau des Vorruheständlers gemeint sei, die keinen Glühwein abbekommen habe. Nachdem Franz F. das Missverständnis beseitigt hat, sind die Beamten ratlos und empfehlen Rücksprache mit der zuständigen Krankenkasse.

Dienstag, 13.00 Uhr:
Seit Punkt 12.00 Uhr mittags donnern vor einem halben Dutzend Einkaufstempeln großvolumige Schneekanonen. Nunmehr sind alle verfügbaren Politessen unterwegs, um auf die sofortige Räum- und Streupflicht zu verweisen. Da sich alle technischen Kräfte der Handelseinrichtungen für zu erwartende Entladearbeiten weihnachtlicher Produkte bereit-

halten müssen, kann der Schnee nicht beseitigt werden.

Dienstag, 15.30 Uhr:
Erfurt ist zwischen der Binderslebener Landstraße im Westen und dem Juri-Gagarin-Ring im Osten nicht mehr passierbar; die Straßenbahnen mussten ihre Fahrten einstellen. Erste Rufe nach der Bergung von eingeschlossenen Bürgern aus der Luft (Kinder und Frauen zuerst) verhallen mangels Transportkapazität noch ungehört, weil mittlerweile auch per Hubschrauber weihnachtliches Dekorationsmaterial antransportiert wird.

Dienstag, 16.00 Uhr:
Ich, Rico, ziehe mich in das immer noch stark frequentierte Eiscafe zurück. Bis auf den Sonnenbrand, den ich mir während des mehrtägigen Umherlaufens in der Stadt geholt habe, fühle ich mich sauwohl. Vor allem dann, wenn ich an das Schnäppchen denke, das ich im Autohaus Glinicke machen konnte!

QUELLENVERZEICHNIS

EICHSTÄDTER, GREGOR: Wir wirklich tollen Thüringer. – Taucha 1998

FEUSTEL, GOTTHARD: Wahre Geschichten aus Thüringen. – Taucha 1996

FROTSCHER, FREDO: Thüringens berühmte Liebespaare. – Taucha 2001

RÖHRIG, ANNA E.: Episoden um Thüringens berühmte Kirchen. – Taucha 2003

SCHÄFER, DAGMAR: Rezepte und Episoden aus Thüringen. – Taucha 2002

SCHMIDT, HANNS H.F.: Weihnachtliches aus Sachsen-Anhalt. – Taucha 2005

WARSITZKA, WILFRIED: Wahre Geschichten aus Thüringer Burgen. – Taucha 1995

WARSITZKA, WILFRIED: Thüringer Originale. – Taucha 2005

BILDNACHWEIS

Sämtliche Vorlagen stammen aus dem Verlagsarchiv.